東京夜貓子指南

福井麻衣子
MAIKO FUKUI

人人出版

照片：東京藝術劇場

偶爾，稍微放縱一下
熬個夜也不錯

今天好累，去了好多地方玩呢！
看來可以早些回飯店了。——
這種時候去個〝夜貓子景點〞逛逛如何？

即使玩得很累也能打起精神，
可以恢復疲勞、可以吃到美味的餐點，
可以滿足心智上的好奇心，
可以發現自己不知道的東京…
這裡要介紹的就是這些精選的地點。

坐在吧台和店員閒聊，
在喜愛的書籍包圍中看看書，
買束花或可愛的雜貨、衣服，

從六本木新城東京城市景觀的
SKY DECK（屋頂）看到的夜景美不勝收

看場深夜場電影轉換心情，
或者是搭乘獨木舟或遊船，
從不同的角度遠眺東京，
在東京，有太多太多可以度過美好夜晚的地方了！

晚上可以用比較划算的價格玩樂，
可以看到特別的景色，像這樣的好處很多。
還有還有，星期六日人擠人的地方，
平日的夜晚人就會少上一些，
也有不少可以慢慢來悠閒度過的地方。

雖然是熬夜，但身心都能放鬆，
「明天再出發！」的氣力也會湧現。
但願這本書能夠幫你紓解旅途的疲憊。
好啦，今天就早點結束遊玩吧。
你想像不到的美好夜晚，
正在等候著你呢。

CONTENTS

① 銀座、日本橋、丸之內

享用聖代犒賞自己…

集中精神在手做上…

② 表參道、原宿、品川

在大型浴池泡泡澡…

③ 澀谷

享受一下夜晚秀場和500日圓的演奏……

④ 惠比壽

買東花或是葡萄酒…

⑤ 六本木、麻布十番

挺直腰桿去酒吧…

烤烤麵包看看…

⑥ 新宿、初台

⑦ 神樂坂

⑧ 池袋

考慮住上一晚吧…

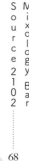

※美術館、博物館等的入館截止時間，以及餐飲店最後點餐等，視設施而異，通常在閉館、打烊前的30分～1小時前。出發之前敬請確認。

※各設施會有種種不同的折扣，詳情請向該設施洽詢。

※本書中的照片是2016年採訪時所拍，活動的內容等有可能改變。

※本書的資訊是2017年2月的資訊，商品等的價格以含稅價標示。在本書上市後可能未經預告即行改變，在利用前請向各設施確認。

① 銀座、日本橋、丸之內區域

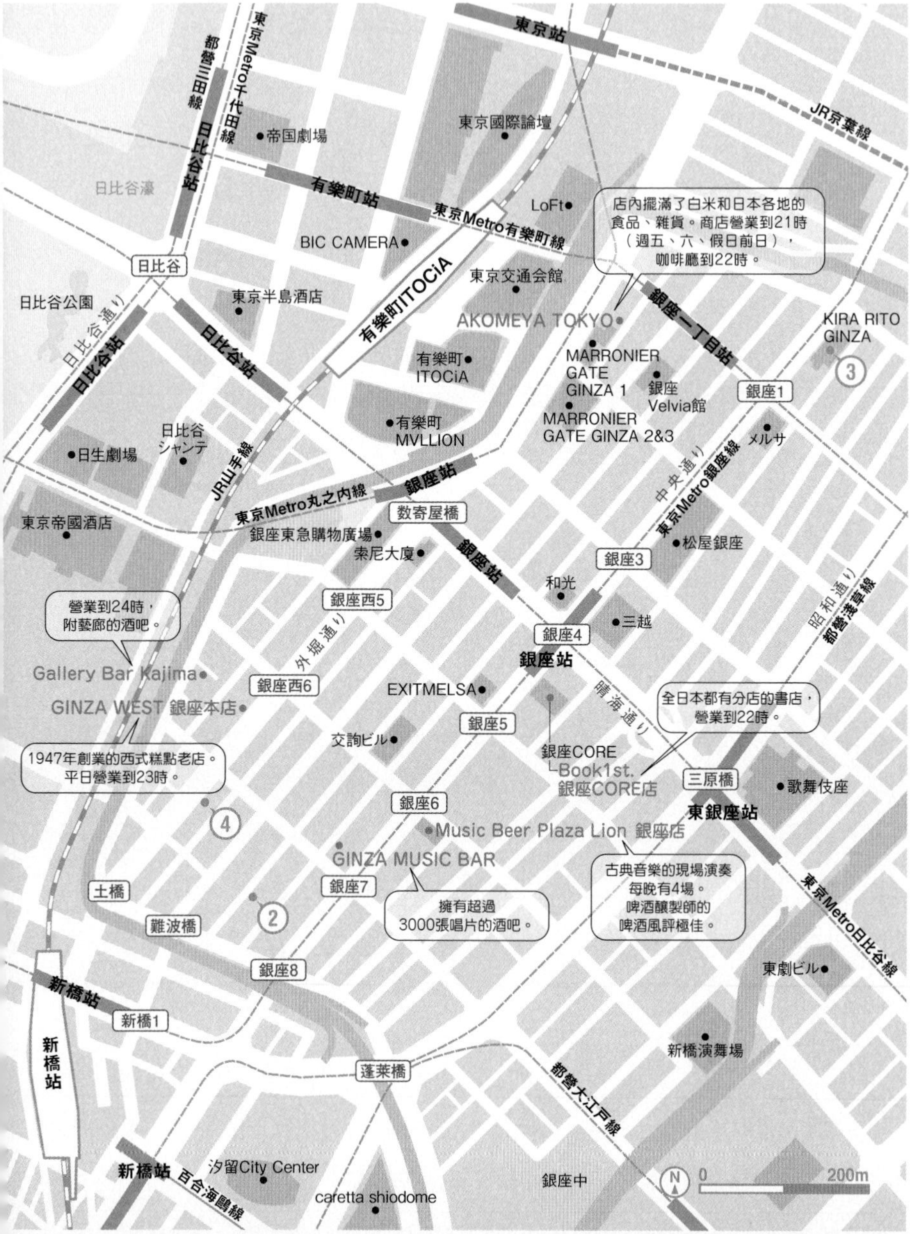

東京站
JR京葉線
都營三田線
東京Metro千代田線
日比谷站
帝国劇場
東京國際論壇
日比谷濠
有樂町站
LoFt
東京Metro有樂町線
BIC CAMERA
店內擺滿了白米和日本各地的食品、雜貨。商店營業到21時（週五、六、假日前日），咖啡廳到22時。
日比谷
東京交通会館
有樂町ITOCiA
日比谷公園
東京半島酒店
銀座一丁目站
日比谷通り
日比谷站
AKOMEYA TOKYO
KIRA RITO GINZA
有樂町 ITOCiA
MARRONIER GATE GINZA 1
銀座 Velvia館
銀座1
有樂町 MVLLION
MARRONIER GATE GINZA 2&3
日比谷 シャンテ
日生劇場
メルサ
JR山手線
中央通り
東京Metro銀座線
東京Metro丸之內線
銀座站
東京帝國酒店
數寄屋橋
銀座東急購物廣場
松屋銀座
索尼大廈
銀座站
銀座3
和光
昭和通り
都營淺草線
銀座西5
營業到24時，附藝廊的酒吧。
三越
外堀通り
銀座4
銀座站
Gallery Bar Kajima
銀座西6
EXITMELSA
晴海通り
全日本都有分店的書店，營業到22時。
GINZA WEST 銀座本店
銀座5
交詢ビル
銀座CORE
Book1st. 銀座CORE店
1947年創業的西式糕點老店。平日營業到23時。
三原橋
歌舞伎座
東銀座站
銀座6
4
Music Beer Plaza Lion 銀座店
GINZA MUSIC BAR
古典音樂的現場演奏每晚有4場。啤酒釀製師的啤酒風評極佳。
土橋
銀座7
擁有超過3000張唱片的酒吧。
東京Metro日比谷線
難波橋
2
銀座8
東劇ビル
新橋站
新橋1
新橋站
新橋演舞場
蓬萊橋
都營大江戶線
汐留City Center
新橋站 百合海鷗線
銀座中
N
0
200m
caretta shiodome
3

1
三菱一號館美術館
▶ P.10

2
月光荘サロン
月のはなれ
▶ P.13

3
貴和製作所
KIRARITO 銀座店
▶ P.14

4
ゆう工房　銀座教室
▶ P.16

5
千疋屋総本店
日本橋本店
▶ P.18

6
BUNMEIDO CAFE
日本橋店
▶ P.19

7
福德神社
(芽吹稻荷)
▶ P.20

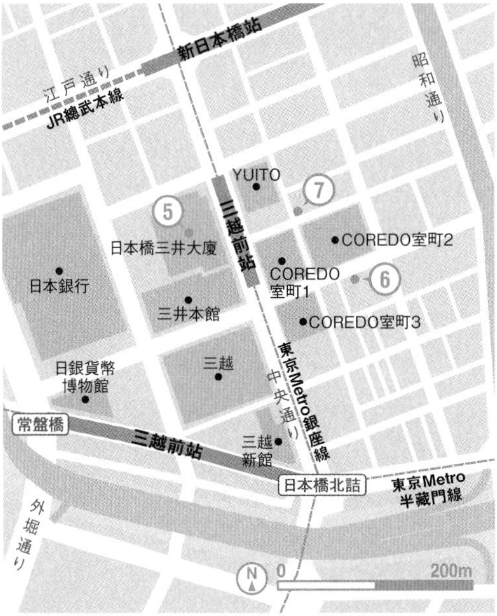

東京站大飯店 Bar Oak
▶ P.82
COLUMN「在憧憬的飯店度過美好時光」

白色的灰泥牆壁和拖得晶亮的木質走廊極美。展示室外的建築也是欣賞重點。

01 可以欣賞藝術到晚上20時

三菱一號館美術館

【みつびしいちごうかんびじゅつかん】

打上燈光的美術館和一號館廣場的夢幻風景，夜晚限定！

紅磚的西式建築 培養美學品味

走在多是現代建築的丸之內街頭，有著些許大人的感覺。在這種氛圍裡，每當夕陽西下，就會被一棟打著燈光的美麗建築深深吸引。這就是，將1894年由英國建築師喬賽亞康德設計的丸之內第一棟商業大樓「三菱一號館」於2009年修復，第二年開館的美術館。這座美術館，每年會推出3檔的企畫展，主要展示和建築物同樣是19世紀末的西洋美術館藏作品。

開館到晚上20時的日子，入館的人數不像星期六日那麼多，可以悠閒地欣賞藝術作品。在寧靜夜晚的美術館裡提升自己……這種夜晚的消磨方式也很迷人。

附設的咖啡廳酒吧營業到23時！

A 展示著19世紀末的法國畫家土魯斯-羅特列克等人的作品。※不同於目前的展示照片。（照片提供：三菱一號館美術館）**B** 將原來的銀行營業廳改裝而成的咖啡廳。挑高的天花板開放感十足。**C** 鋪滿新鮮香草和堅果以及葡萄乾的法國麵包（各680日圓），適合搭配啤酒。

A

C

B

藝術鑑賞之後 在咖啡廳酒吧小酌一番

該館另一個吸引人的地方是，美術館閉館後，附設的音樂咖啡廳「Café 1894」還會營業到很晚。可以在美術鑑賞的餘韻裡，好好地在同樣有著古典氛圍的咖啡廳裡享受一下。午餐和甜點固然多元美味，但是也可以享用酒精類飲料搭配餐點。午餐時段裡，因應不同展覽而變化的合作菜色也值得品嘗。

美術館商店「Store 1894」會比照美術館來延長營業時間，是不容錯過的地點。作家相關的原創商品極富魅力，除了文具和書籍之外，還販售葡萄酒和餐具、飾品等商品。

美術館開館到20時的日子，商店也會延長時間。

Information

電話 03−5777−8600(代行服務)

時間 10:00～18:00、假日‧補假日之外的週五、第2週三、展覽會會期中的最後一週平日至20:00(入館到閉館時間之30分前)／咖啡廳為11:00～23:00(L.O.22:00)

公休 週一(逢假日、補假日、展覽會會期中最後一週開館)、年底、元旦、更換展品期間／咖啡廳為不定休

費用 美術館門票因展覽會而異

地址 千代田区丸の内2−6−2

交通方式 東京Metro二重橋前站、日比谷站步行3分；JR、東京Metro東京站步行5分

HP http://mimt.jp/

還有還有！

晚上的特惠POINT

每月舉行1次！女性限定的特惠DAY

每月第2週三17時後入館的女性專用的「After5女性折扣」。除了參觀券折扣到1000日圓之外，還附有鄰近商店的折扣券！是個欣賞藝術提升知性，又可以提升美麗的美妙服務。

天色漸暗之後
真正的瓦斯燈會點燃，
宛如時光倒流
回到明治時代一般。

A 後方吧台座的牆壁是斜的，有些奇特。**B** 「名物雞肉秋葵湯」搭配「豆子飯」「玉米麵包」享用（套餐1500日圓）。著名的雞尾酒「与謝野藍月」（1200日圓），是紀念和月光莊有深厚淵源的詩人與謝野晶子而做。請搭配醋漬櫻桃享用。**C** 採訪時是吉他和長笛的演奏。每天有不同樂器和演奏者登場，可以在官網上確認。

02 晚上20時後 不另外收費的現場演奏

月光荘サロン 月のはなれ

【げっこうそうさろん　つきのはなれ】

Information

電話 03−6228−5189
時間 14:00〜23:45(L.O.23:00)、週六為12:30〜23:30(L.O.22:45)
公休 週日、假日只營業包場
費用 20時之後的現場演奏不另收費用
地址 中央区銀座8−7−18月光荘ビル5F
交通方式 JR、東京Metro新橋站步行3分；東京Metro銀座站步行8分
HP http://tsuki-hanare.com/

在屋頂的行家沙龍裡 享用現場演奏和克里歐菜色

在像是秘密基地的空間裡，會忘記自己身處商業區。這裡是1917年創業的「月光莊畫材店」將倉庫改裝後開始經營的咖啡廳&酒吧。牆壁上裝飾著藝術作品，在伸手可及的近距離裡演奏鋼琴或小提琴的情境下，享用美國南部的克里歐菜色。可以仰望銀座天空的露台、像是小閣樓般的吧台和桌座，每種座位都極富吸引力。

用畫材店特有的樂趣「圖畫套組」（500日圓）來畫畫看吧。

咖啡非常重視烘焙，在面前一杯一杯手工沖出。

03 晚上19時30分還可以製作飾品！

貴和製作所 KIRARITO銀座店

【きわせいさくじょ　キラリトギンザてん】

看著逐漸暗去的銀座風景手工打造出你的專屬

※各季節提供的餐點不同

不必帶工具 喝著茶來製作飾品

本店位於批發商區淺草橋的飾品零件專門店的銀座店裡，不但可以低廉價格買到豐富的零件類，還擁有買了之後立刻可以進行製作的「工房咖啡廳」和體驗室。

使用必要零件俱全的套組進行手做體驗的課程，最後一組在19時30分，最短15分鐘便能製作完成，也提供工具借用。在員工的指導下，第一次做的人也可以做出耳環和項鍊等，不需要預約這一點也很貼心。另外還有半成品制，只要選好零件，就能做出世界獨一無二的飾品了。

咖啡廳裡只要點個東西，就能借到鉗子等工具。可以享用著手工沖出的咖啡與自製馬芬等，同時按照自己的步調進行

Information

電話 03−6264−4811
時間 11:00〜20:00
公休 不定休(比照KIRARITO銀座休館日)
費用 手沖咖啡540日圓、馬芬421日圓〜等，另有午餐套餐
地址 中央区銀座1−8−19キラリトギンザ5F
交通方式 東京Metro銀座一丁目站步行1分、京橋站步行2分、銀座站步行5分
HP http://www.kiwaseisakujo.jp/shop/pages/kiraritoginza.aspx

觀賞著銀座的夜景 體驗手工製作♪

C

A

B

A 可以購買包裝也極可愛的咖啡豆和紅茶。該店限定menu也務請一試。B 用可愛的背景和小物來拍攝作品的「拍攝專區」值得用一用。C 在體驗室可以挑自己喜歡的時段隨時開始，新作品就能早早登場了。

製作。週六日的咖啡廳有2小時的用餐限制，因此平日的傍晚〜夜晚最為適合。為了做小禮物給自己當作獎勵，享受一下在閃亮亮零件的環繞下度過夜晚如何呢？

體驗課程可從多種作品形狀和3種釉藥中挑選

04 可以在晚上19時開始的陶藝等的手做體驗

ゆう工房銀座教室

【ゆうこうぼう　ぎんざきょうしつ】

約1個月之後完成♪
歡喜將更上層樓。

只要觸摸泥土，
心情便會跟著
放鬆。

製作陶藝和飾品 重啟美好心情

一整天遊玩後居然可以在銀座做陶藝真令人吃驚。這家的教室1日體驗課程最後報名時間在晚上19時。90分鐘左右可以體驗「手動轆轤」和「手繪」的技巧，做出飯碗和茶杯、小盤等陶器。

服務人員會很仔細地指導第一次做的人，可以放心地按照自己的步調來做；塗釉和燒成作業由工作人員負責。製陶最美好的地方，就在於完成之前都不會知道燒成後的顏色這一點上。滿心期待約1個月，收到完成品時的喜悅值得品味看看（宅配費用另計，海外需洽詢）。「下次要做什麼好呢？」的創作意願都會被激發出來。

銀座這特殊的地位，就像是

Information

電話 03－3572－3373
時間 10:00～21:00　部分日期可能12:30開始或18:30結束，詳洽教室。銀飾和噴砂體驗報名至18時。
公休 週一
費用 陶藝3500日圓、皮飾品4400日圓～、噴砂3709日圓～等　每月另有2次會員課程。
地址 中央区銀座8－4－25 もりくま11ビル2F
交通方式 JR、東京Metro新橋站步行5分
HP http://yukobo.co.jp/

60～90分鐘左右 做出獨一無二的陶藝作品♪

C

A

D

B

A 燒成作業在教室的電窯進行。每年也會有2次在穴窯進行燒成。B 成為會員還可以體驗塗釉作業。C 在素燒馬克杯上塗上顏色的「たいmon君カップコース」（4040日圓）人氣也高。D 製作皮革飾品也值得推薦。

日本人工作忙完之後還會想去一般，「不加班日」和星期五晚上時人會特別多。會員課程結束後的星期四晚上人潮較少，最適合前往。

除了製陶之外，金屬雕刻等的銀飾品、噴砂、皮革工藝等各種手工藝都可以體驗。

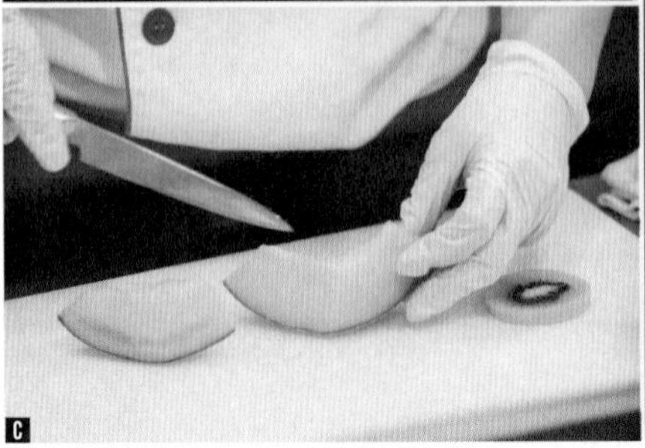

A「千疋屋特製聖代」（2160日圓）能品嘗出水果最美味的瞬間。B 最值得挑選的座位，是可以看到廚房的吧台座，完全了解催熟的時機和剝皮的方式等“美味瞬間”的大廚們刀工十分值得觀賞。C 每個人都用自己的刀子，水果看來更是熠熠生輝。

05 到晚上22時！陶醉在犒賞自己的聖代美味

千疋屋総本店 日本橋本店

【せんびきやそうほんてん にほんばしほんてん】

Information

電話 03−3241−1630

時間 11:00 ～22:00(L.O.21:30)；週日、假日～21:00(L.O.20:30)

公休 不定休

費用 水果三明治1404日圓(內用)、芒果咖哩飯1512日圓、柳橙果汁1188日圓等

地址 中央区日本橋室町2−1−2日本橋三井タワー內

交通方式 直通東京Metro三越前站地下通道、直通JR線新日本橋站地下通道

HP http://www.sembikiya.co.jp/

在老字號冰果店裡享用大量水果的聖代

江戶時代1834年創業的老字號水果店的本店2樓，設有營業到很晚的冰果店。最值得一嘗的是放了大量水果的「千疋屋特製聖代」（右上照片）。醬汁不使用果泥，而是從頭製作而成，到最後一口都令人超級滿足，餐點種類也很充實。店內天花板挑高，十分具有開放感，大窗戶外就是一片日本橋的城區風光。想犒賞自己時最值得前往的店。

附設餐廳，餐點和酒類、晚餐全餐等十分齊全。（照片提供：千疋屋総本店）

A 提拉米蘇蜂蜜蛋糕（880日圓）。滲進蜂蜜蛋糕內的糖漿和起士、可可的協調十分美味。B 咖啡廳內也裝飾著藝術品，十分舒適。C 等候室本身就是藝廊，伊東深水的名畫等每季都會更換展品。D 著名的「半熟蛋的文明堂紅燴牛肉飯」（980日圓）。水果酒使用現代和風的酒杯享用。

06 老字號蜂蜜蛋糕店的新感覺甜點大饗宴

BUNMEIDO CAFE 日本橋店

【ブンメイドウ・カフェ・にほんばしてん】

Information

電話 03−3245−0002
時間 11:00～23:00；週日、假日～21:00
公休 12月31日、1月1日
費用 文明堂特撰蜂蜜蛋糕組合880日圓、文明堂特調綜合咖啡630日圓、原創雞尾酒630日圓等
地址 中央区日本橋室町1−13−7
交通方式 東京Metro三越前站步行3分
HP http://www.bunmeido.co.jp

用鬆軟的蜂蜜蛋糕享受夜晚的愉悅

文明堂是1900年誕生在長崎的蜂蜜蛋糕和日西糕點的老店。總店裡有間營業到很晚的咖啡廳，除了提供著名的蜂蜜蛋糕之外，還有做成法式土司及提拉米蘇的口味等，道道都是賦予蜂蜜蛋糕新魅力的甜點。咖啡極盡講究之能事，是自行調配來搭配蜂蜜蛋糕的味道。餐點和單點菜色、水果酒等的酒類也豐富。很容易了解為什麼飯後有許多人嘗著甜點會顯得那麼幸福。

吉祥物小熊是「訂位」的標記。超可愛♪

B

C

A

A 能感受到平靜的溫和打光。夜晚依然有許多善男信女前來參拜。**B** 麻櫟樹幹做成的鳥居抽出了新芽，因此有了「芽吹稻荷」的別稱。**C** 參道上放有長椅，整齊清潔易於進入。社務所不忙的時段還可以去索取御守。

07 即使很晚即便是女性都可以輕鬆參拜的神社

福德神社（芽吹稻荷）

【ふくとくじんじゃ（めぶきいなり）】

Information

電話 03−3276−3550

時間 社務所為9:00～17:00；參拜24小時均可

地址 中央区日本橋室町2−4−14

交通方式 東京Metro三越前站、JR新日本橋站步行2分

HP http://mebuki.jp/

夜晚會打上燈光 明亮又視界廣的境內

日本橋地區裡，有座本殿夜晚會打上燈光，可以安心參拜的神社。是一座距「COREDO室町」不遠，新社殿在2014年完成的福德神社。由於自千年以前就鎮座於此的歷史淵源，祭神是職司五穀豐收的倉稻魂命，也是以「稻荷神」聞名的神祇。玩累了就來一趟，向神明打個招呼吧。會讓你心靈如洗淨般神清氣爽的。

由於江戶時代曾發出過「富籤」，因此也是著名的祈求彩券中獎神社。

記得先向店家打聲
招呼之後再拍！

夜晚攝影講座 . I

巧妙拍好夜貓子的玩樂照片！！

別忘了
享用美食！！

料理篇

夜晚，在沉穩氛圍的咖啡廳或餐廳，總想拍張美美的美食照吧！
這種時候，只要記住一些小小的訣竅，
照片的氛圍就會急速提升。智慧型手機也做得到，務必試一下喔。

CASE.1 店內以微暗的燈光營造氛圍用閃光燈拍了之後…

BAD

太暗了看來不好吃…

關掉閃光燈！
把料理拿去
店裡光源附近
再試一次！

GOOD!

暖色系的燈光照在料理上看來好好吃！因為很容易手震拍不好，把手肘靠在桌上，穩穩地拿住相機吧。

CASE.2 雖然試拍了，但看來就不好吃…

BAD

拍到自己的影子了…

試著尋找影子
進不去的角度！
調整一下焦距，
拉近一些！

GOOD!

不必把盤子全拍進去，注重在主要食材。終於拍出富吸引力的一張，美味的感動也看得出來！

夜景篇（P.49）、動物篇（P.69）也別錯過哦！

② 表参道、原宿、品川區域

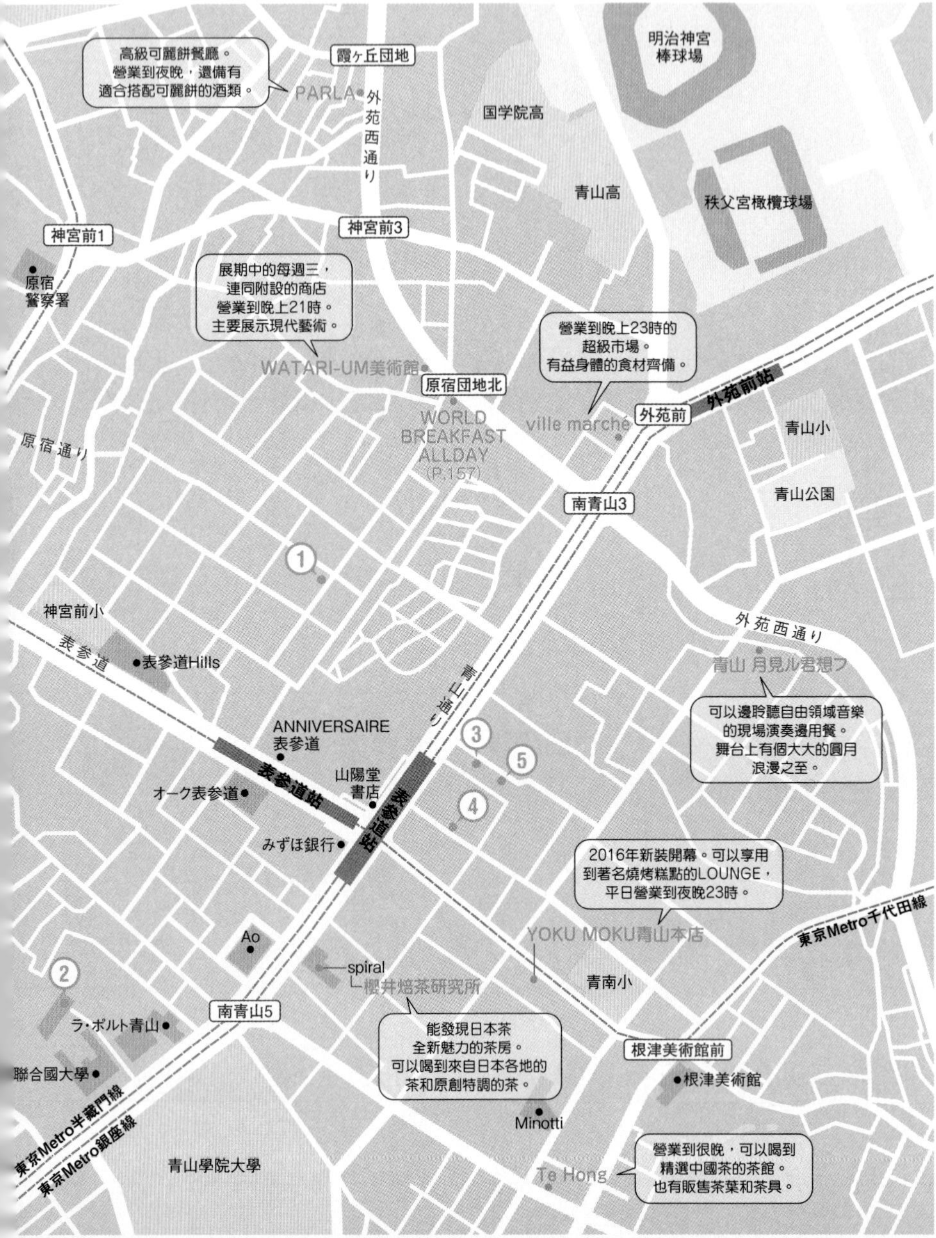
高級可麗餅餐廳。
營業到夜晚，還備有
適合搭配可麗餅的酒類。
PARLA
霞ヶ丘団地
外苑西通り
明治神宮
棒球場
国学院高
青山高
秩父宮橄欖球場
神宮前1
神宮前3
原宿
警察署
展期中的每週三，
連同附設的商店
營業到晚上21時。
主要展示現代藝術。
WATARI-UM美術館
原宿団地北
營業到晚上23時的
超級市場。
有益身體的食材齊備。
外苑前站
外苑前
ville marché
WORLD
BREAKFAST
ALLDAY
(P.157)
青山小
青山公園
原宿通り
南青山3
1
神宮前小
表参道
表参道Hills
外苑西通り
青山 月見ル君想フ
可以邊聆聽自由領域音樂
的現場演奏邊用餐。
舞台上有個大大的圓月
浪漫之至。
青山通り
ANNIVERSAIRE
表参道
3
5
山陽堂
書店
表参道站
オーク表参道
表参道站
4
みずほ銀行
2016年新裝開幕。可以享用
到著名燒烤糕點的LOUNGE，
平日營業到夜晚23時。
YOKU MOKU青山本店
東京Metro千代田線
Ao
spiral
櫻井焙茶研究所
青南小
2
南青山5
ラ・ポルト青山
能發現日本茶
全新魅力的茶房。
可以喝到來自日本各地的
茶和原創特調的茶。
根津美術館前
根津美術館
聯合國大學
東京Metro半藏門線
東京Metro銀座線
Minotti
營業到很晚，可以喝到
精選中國茶的茶館。
也有販售茶葉和茶具。
Te Hong
青山學院大學

1
文具咖啡廳
▶ P.24

2
AOYAMA BOOK CENTER 本店
▶ P.26

3
南青山・清水湯
▶ P.27

4
自由大學
▶ P.28

5
青山　川上庵
▶ P.30

6
Aqua Park 品川
▶ P.31

明治神宮 ▶ P.152
「偶爾早起一下的推薦景點」

WORLD BREAKFAST ALLDAY
▶ P.157
「偶爾早起一下的推薦景點」

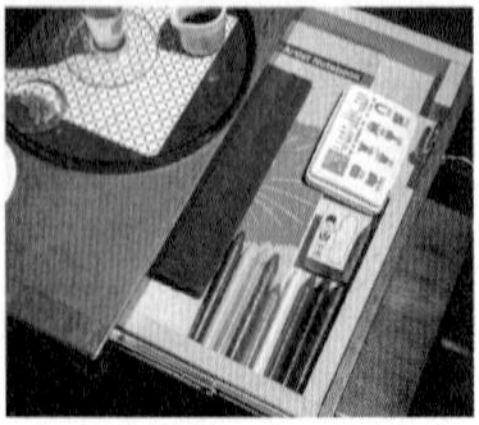

桌子設有抽屜，加入會員就可以取得打開的鑰匙。

01 可以自由作畫至晚上23時的咖啡廳

文具咖啡廳

【ぶんぼうぐかふぇ】

附文具外型的餅乾！
「文具聖代」和
大人的風味
Tea Espresso Squash

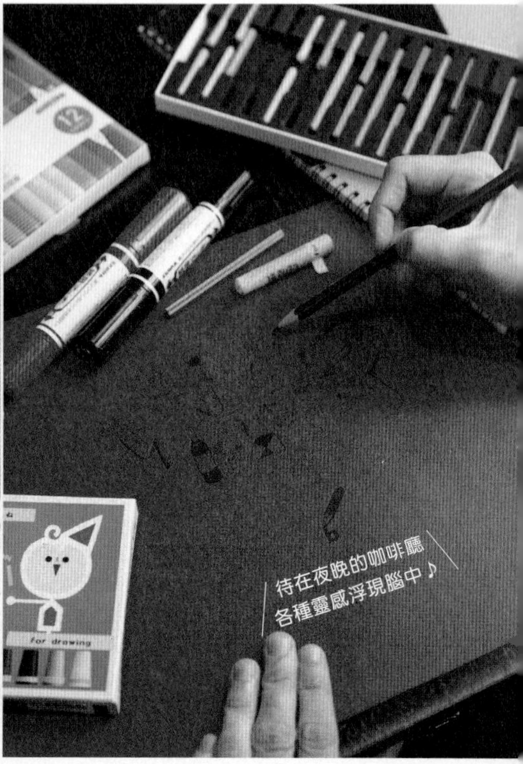
for drawing
待在夜晚的咖啡廳
各種靈感浮現腦中♪

在夜晚豪邁地畫圖，不用在意任何人

一待在夜晚的咖啡廳裡，就會有各種靈感浮現腦中……這種經驗你一定有過吧？每碰到這種時候，手邊有多色的彩色鉛筆、蠟筆、水筆的話，一定會有更多靈感才對吧！

到這家店就能滿足你的這種心情。為什麼？因為餐墊和牆壁都是圖畫紙，可以用來畫畫，再加上有一大堆可以自由使用的文具呀。小孩子和大人都可以樂在其中。

以「日本」為主題的餐點，單點菜色和酒類、甜點都非常充實，還有夜晚限定的菜色。點用整瓶的葡萄酒時，還會附上葡萄酒生產國的文具，玩心十足。

附設的商店裡，可以購買約3千種帥氣的文具。加入會員

Information

電話 03−3470−6420
時間 10:00〜23:00 (L.O. 22:00)
公休 過年期間
費用 文具聖代994日圓、Tea Espresso Squash 702日圓、特調綜合咖啡"IMAGINE"594日圓、夜咖啡廳盤餐1350〜1944日圓等
地址 渋谷区神宮前4−8−1内田ビルB1
交通方式 東京Metro表參道站步行4分
HP http://www.bun-cafe.com/

假日一定要排隊的人氣店
平日夜晚來店是最佳時機

C

A

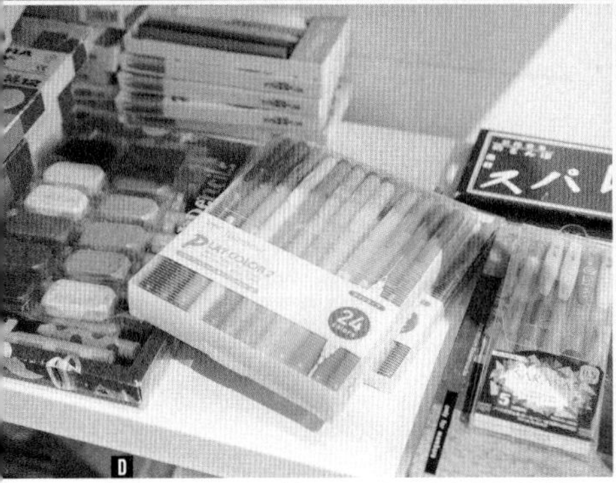

D

B

A 販售既具實用性又可以成為時尚用品的文具。**B** 原創商品「大人的鉛筆系列」「名片盒」等當伴手禮也很棒。**C** 牆壁是大型的圖畫紙，可以自由畫畫。**D** 可以任意使用的文具。由懷舊文具到沒看過的新產品都有。

之後，還可以拿到桌子抽屜的「鑰匙」，使用裡面的特別文具。夜晚時餐墊的顏色會是紅色，燈光和音樂都轉為和緩，更容易集中精神作畫。

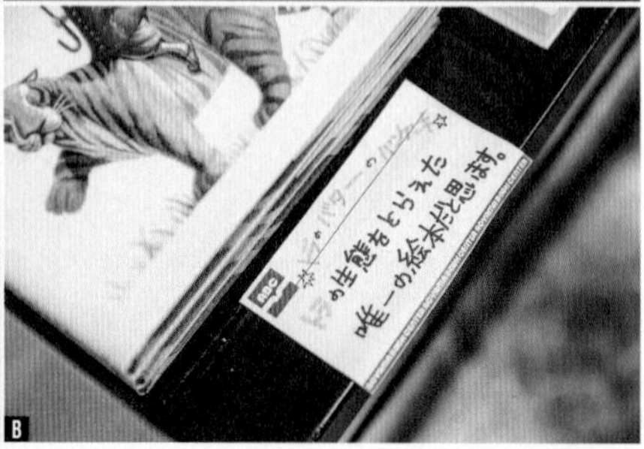

A 光看到這麼多的國外雜誌都令人愉悅。**B** 手寫的POP是選書的好參考。**C** 入口旁的特集書架是店員的精選，找一找或許會有意想不到的收穫。**D** 拿輛推車把行李放著，玩了一天還是可以輕鬆購物。

02 營業到晚上22時
讓人浮現靈感的書店

AOYAMA BOOK CENTER 本店

【青山ブック　センター本店】

Information

電話 03−5485−5511
時間 10:00~22:00
公休 過年期間
住所 渋谷区神宮前5−53−67コスモス青山ガーデンフロア B2
交通方式 東京Metro表參道站步行7分
HP http://www.aoyamabc.jp/store/honten/

藝術、料理相關書籍為主 晚上19時舉行的活動也多

多為藝術、設計、攝影相關書籍，備受青山周邊創作者喜愛的人氣書店。入口開始排成一整列的日本國內外雜誌，光是看看就會感受到時髦的氛圍，料理等生活類書籍和繪本也十分充實。此外，店內會舉辦晚上19時開始的延伸閱讀活動，也附設了正統學習插畫的「插畫青山塾」，都會給前往的人帶來許多正面的刺激。

店內學校「插畫青山塾」晚上7時開課。（照片提供：AOYAMA BOOK CENTER）

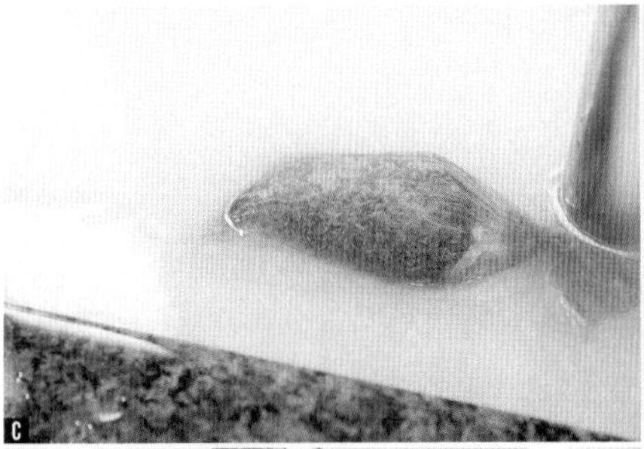

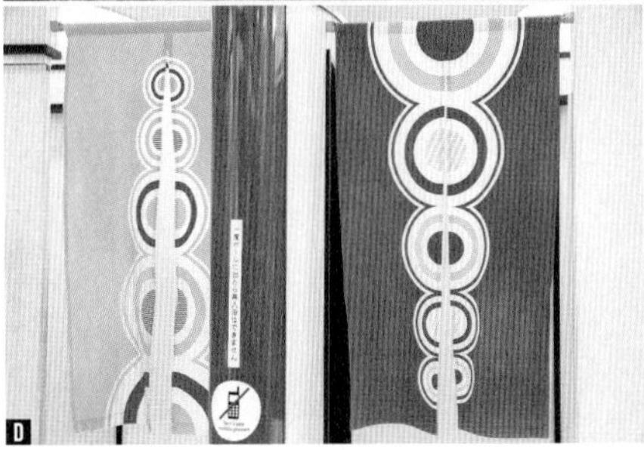

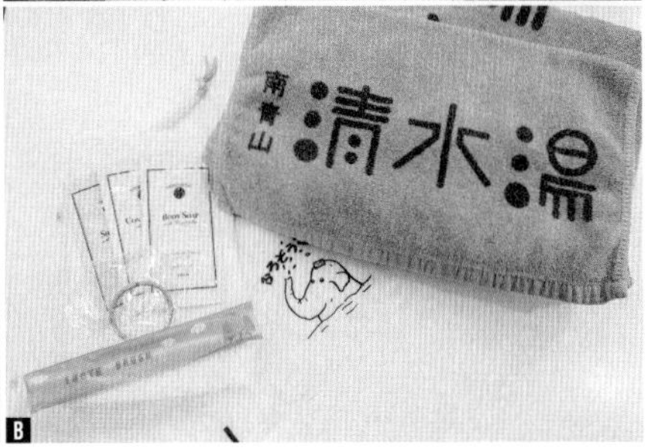

A 白色基調西班牙磁磚很突出的女湯。女湯還特設了對身體溫和的花灑淋浴設備。**B** 女性用空手套組（310日圓）裡有毛巾、備品、髮圈和牙刷。褐色的租賃毛巾為300日圓。**C** 週四限定的Silky Herb浴使用真正的香草。**D** 時尚的簾子是HIROCOLEDGE設計下的產物。

03 年輕女性也可輕鬆進入的錢湯 到末班電車之前都能入浴

南青山・清水湯

【みなみあおやま・しみずゆ】

Information

電話 03−3401−4404
時間 12:00~24:00；週六日、假日~23:00(打烊前30分停止入場)
公休 週五
費用 一般460日圓、三溫暖(含租賃毛巾、備品組、入浴費)1200日圓等
地址 港区南青山3−12−3
交通方式 東京Metro表参道站步行2分
HP http://shimizuyu.jp/

車站附近的良好地理位置 享受可以美膚的好湯

由時尚的外部空間一踏入店內，香氛的美好香氣等候貴賓的光臨。熱水完全使用軟水，高濃度炭酸泉和絲綢浴池等，全都是對美膚和健康有益的考量。備有生啤酒等酒類和簡餐，在放著爵士樂的時尚大廳裡，泡湯完後好好享受一杯。入浴必要的物品齊全，毛巾、襪子、沐浴備品等……應有盡有。外出遊玩的疲勞恢復和運動後的清爽感等，運用方式多元。

飲料、食物、毛巾、牙刷、香皂、美容用品…販售部不亞於商店。

表參道的校區交通方便。另有都外的校外教學。

04 參加夜晚舉辦的課程充實自己的生活

自由大學

【じゆうだいがく】

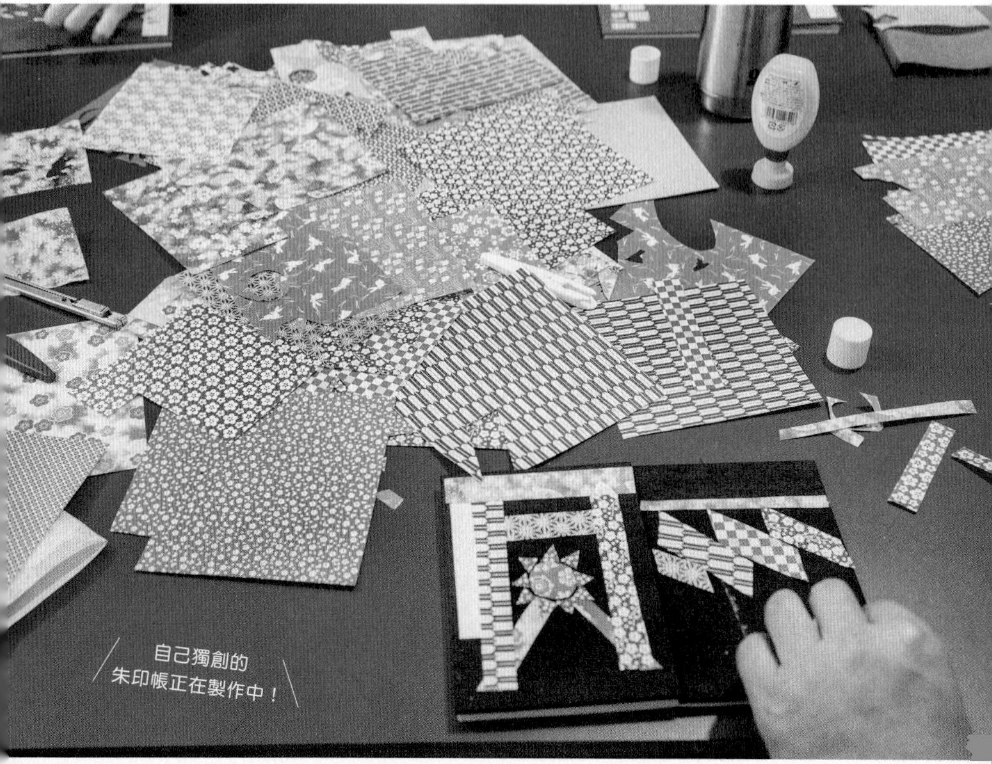
自己獨創的
朱印帳正在製作中！

可以發現到全新生活方式和工作方式線索的地方

晚上19時30分開始，在工作場所之外的地方，有一所可以深化知性好奇心，可以創造性思考生活方式的學校。教室裡擺放著古老的黑板和書本，有著非常開放的氛圍。老師們都是行家中的行家，一上課就會被他們的熱情引領進去。透過體驗型的授課方式，老師和學生一起將課程做完，這種授課方式是最大亮點。

學生們是職業、年齡各異的人們。由於對於相同方向都有興趣，因此在全部5次課程（1個月左右）的課程裡會成為好朋友，課程結束後甚至還會保持聯絡呢。

課程內容，包含學習啤酒和料理盛盤的課；製作原創音樂和書籍的課；包含校外教學在

Information

mail info@freedom-univ.com
時間 多為晚上19:30開課；週六日也有白天課程。開辦日期時間參考下方HP。
費用 28000日圓（共5次）～
地址 港区南青山3－13（COMMUNE 246メインキャンパス）
交通方式 東京Metro表參道站步行1分（COMMUNE 246主校區）
HP https://freedom-univ.com/

不是只坐著聽課而是自己參與其中的課程

C

A

D

B

A 實用性高而大受歡迎的課「美味的盛盤學」。B 「星空的介紹入門」課裡，會進行都內觀星的校外夜晚散步。C 附一次都內啤酒釀造所參觀（「我們的啤酒學」）。D 其中一堂課是製作獨創朱印帳的「神社學」。大家專心地體驗製作。

內的「神社學」和星空觀測、低山登山的課程等，每年會舉辦130種左右的課程，全都是可能讓今後生活更加豐富，也可能改變人生觀的課程。部分課程有高人氣，詳情請參考該校網站！

照片（A～C）提供：自由大學

A 附當令天麩羅的「天蒸籠上」（1950日圓），沾醬可以改為核桃沾醬（另外加價）。B 照片後方的「酥炸蓮藕鮮蝦餅」（920日圓）是推薦的熱菜；前方的「半熟野鴨片」（1000日圓）味道純淨，和蕎麥麵很對味。C 高雅的店內裝飾著作家的繪畫和季節花卉。

05 播著爵士樂的蕎麥麵店 營業到凌晨4點半

青山　川上庵

【あおやま　かわかみあん】

Information

電話 03−5411−7171

時間 11:30～04:30(L.O.03:30)；11:30～17:00是午餐時間

公休 不定休

費用 核桃醬汁蒸籠(1260日圓)、日本酒720日圓～等。另備有葡萄酒和甜點。

地址 港區南青山3−14−1

交通方式 東京Metro表參道站步行5分

HP http://www.kawakamian.com/shopaoyama/

二八蕎麥麵下酒？以肴配酒來上一杯？酒和蕎麥都很棒

這間隱密的店家位在從青山通走進的小巷後方。蕎麥粉是以麻布的蕎麥磨粉店以石臼粗磨的粉再手打而成。這種蕎麥麵有著濃郁的香氣和滑潤的喉感。即便在深夜，吃碗有益身體的蕎麥麵也不會有罪惡感！店的宗旨是「享受美味的酒和菜肴，最後以蕎麥麵結束。希望大家都能體驗這種蕎麥前」。在吧台座上聽著爵士樂喝杯小酒，也有著行家的氛圍。夜晚時3樓的露台座也開放使用。

日本酒裡5～6成是信州的酒廠出品。務必一同享用。

可以在館內的咖啡酒吧裡購買啤酒或蘋果酒等瓶裝的酒精飲料帶著走。

06 夜深了仍能邂逅海洋生物的水族館

Aqua park 品川

【アクアパーク品川】

玩累的夜晚，
去看看有
♡標誌的魟魚吧！

東京都晚上22時前都能見到水母和企鵝

玩累了、想看看不同風景的夜晚，能夠在水族館裡接觸到可愛的海洋生物該是多幸福的事！水族館地理位置優越，到品川站只需步行2分，營業到晚上22時。2015年時翻修重新開幕，可以在最新科技的引領下，欣賞並學習到海洋生物的生態。

夢幻般的水母展示「水母優游區」，是高人氣的區域。在閃耀的光芒中，坐著凝視緩慢漂浮的水母，會忘掉時間的存在。

觀看隧道型水槽「神奇通道」（上方照片）時，在白天夜晚會產生截然不同的感想，簡直像是身處在海中一般。

可以拿著酒同時散步水族館

A 魚之外還可見到企鵝和水豚等可愛的動物。
B 夢幻般的「水母優游區」是絕佳的拍照區。
C 大人小孩都摯愛的海洋叢林裡還有爬蟲類，令人心驚膽跳。

海豚表演秀的內容白天和晚上不同

館內的「珊瑚咖啡吧」裡，還販售酒類和軟性飲料。桌子就是水槽，可以由上而下觀賞魚兒。酒精類可以在館內邊走邊喝。

夜間入場絕不能錯過的，是夜晚的海豚表演。是和白天的表演完全不同的聲光演出。在光與水的美麗，和6頭海豚2頭偽虎鯨默契十足的表演下，不但會深受感動，也能恢復元氣。海豚表演結束後，還有光影水舞的表演，氛圍美妙之至。

全年通票（4200日圓）只要進場2次就賺回來了。在東京旅遊期間，務必將這水族館列入夜貓子景點吧。

有很多吸引人的商品，最好先預留些逛商店的時間！

Information

電話 03－5421－1111(語音服務)
時間 10:00～22:00(最後入場21:00)
※視時間季節而異
公休 全年無休
費用 一般2200日圓等
地址 港区高輪4－10－30品川王子大飯店内
交通方式 JR品川站步行2分
HP http://www.aqua-park.jp/

還有還有！

晚上的特惠POINT

夜間為大人表演的海豚表演令人感動

「海豚表演」白天和夜晚的內容不同。表演劇場是圓形360度圍繞的方式，每個座位都能感受到震憾力。可以邊享用簡餐和飲料觀賞，玩累了肚子餓了也沒問題。

只在這裡能看到的
海豚表演精采動人！！

③ 澀谷區域

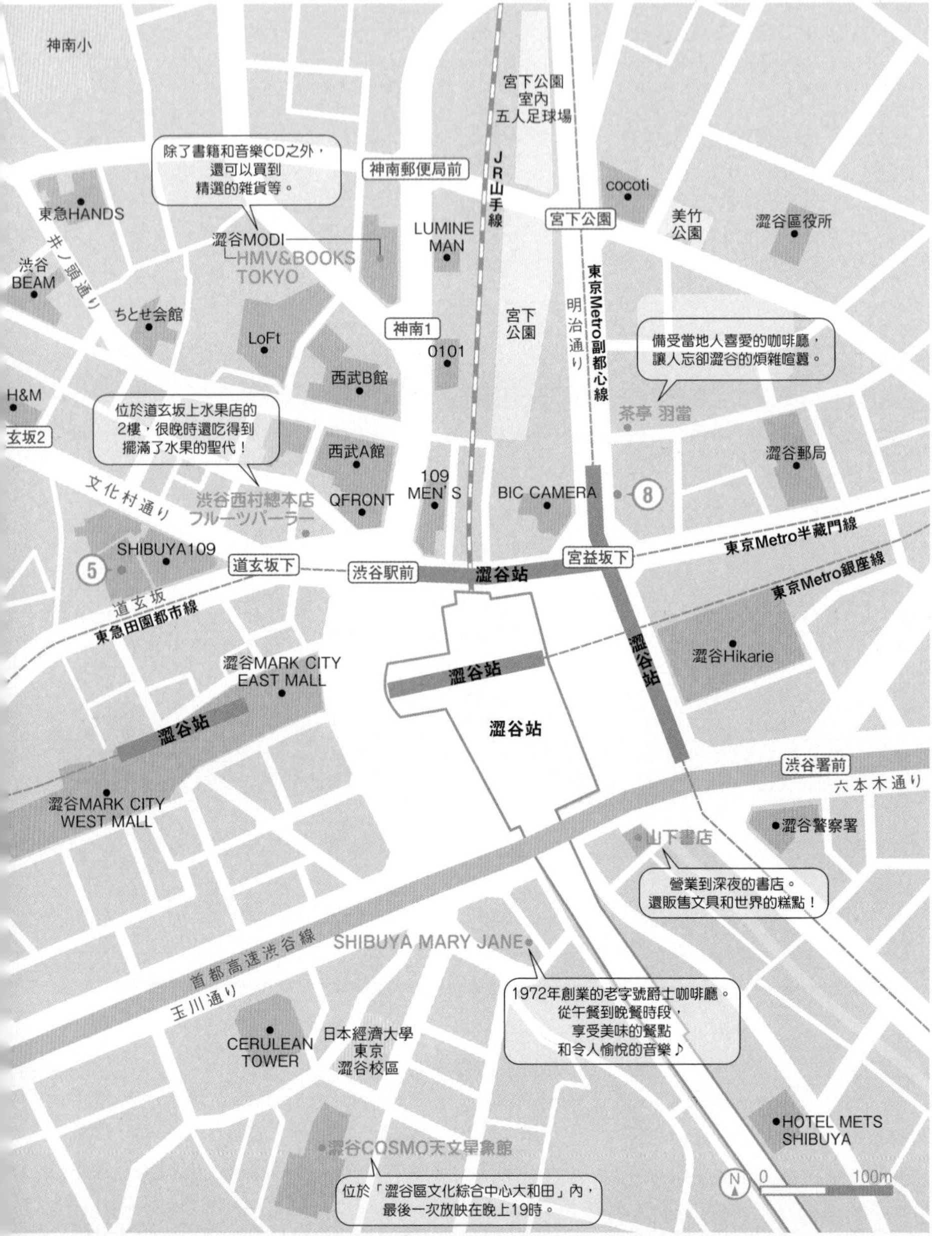
神南小
除了書籍和音樂CD之外，還可以買到精選的雜貨等。
東急HANDS
井ノ頭通り
渋谷BEAM
澀谷MODI
HMV&BOOKS TOKYO
ちとせ会館
LoFt
神南郵便局前
JR山手線
LUMINE MAN
宮下公園 室內 五人足球場
神南1
0101
宮下公園
西武B館
H&M
玄坂2
位於道玄坂上水果店的2樓，很晚時還吃得到擺滿了水果的聖代！
西武A館
文化村通り
渋谷西村總本店 フルーツパーラー
QFRONT
109 MEN'S
BIC CAMERA
SHIBUYA109
道玄坂下
渋谷駅前
澀谷站
宮益坂下
道玄坂
東急田園都市線
澀谷MARK CITY EAST MALL
澀谷站
澀谷站
澀谷站
澀谷站
澀谷MARK CITY WEST MALL
cocoti
宮下公園
美竹公園
澀谷區役所
東京Metro副都心線
明治通り
備受當地人喜愛的咖啡廳，讓人忘卻澀谷的煩雜喧囂。
茶亭 羽當
澀谷郵局
東京Metro半藏門線
東京Metro銀座線
澀谷Hikarie
渋谷署前
六本木通り
澀谷警察署
山下書店
營業到深夜的書店。還販售文具和世界的糕點！
SHIBUYA MARY JANE
首都高速渋谷線
玉川通り
1972年創業的老字號爵士咖啡廳。從午餐到晚餐時段，享受美味的餐點和令人愉悅的音樂♪
CERULEAN TOWER
日本經濟大學 東京 澀谷校區
HOTEL METS SHIBUYA
澀谷COSMO天文羣象館
位於「澀谷區文化綜合中心大和田」內，最後一次放映在晚上19時。
N
0
100m

渋谷SWING
可以在爵士樂的陪伴下
享用茶和簡餐的咖啡廳。
神山町東
井ノ頭通り
UPLINK澀谷
7
設有週五週六開到晚上21時的
美術館和電影院、劇場等。
Bunkamura
東急
松濤郵便局前
2
6
名曲喫茶
ライオン
1926年開始營業，
是代表性的名曲咖啡廳。
喝著咖啡，在古典音樂的
樂曲中度過美好夜晚。
神泉站
京王井之頭線
道玄坂上交番
1
4
maruetsu
petit
道玄坂上
3
道玄坂上

一開門看到的就是書架!?歡迎來到奇特的圖書室。

01 可以在末班電車前悠閒飲酒的圖書館

森林圖書室

【もりのとしょしつ】

這就是成人的圖書室囉♪看著書享用餐點和飲酒

書本出借免費 躺著看書也OK

這是一家實現成人們夢想，如果圖書館內可以用餐飲酒就太好了的店。位在澀谷站步行一小段可達的雜居大樓其中一間，心跳加速下按了電鈴後，書架後方出現了像是秘密基地般的空間。雖然是會員制，但任何人都可以付出座位費500日圓和一杯飲料的費用後，自由地閱讀書籍。

藏書超過了1萬冊，現在店主精選的書籍仍然在增加當中。領域以小說類為主，但書架的陳列故意弄得雜亂。除了部分書架外，看完後不需要歸回原位。充滿了店裡的想法—「到處看看找找今天要看的書籍，希望客人能看到平常看不到的書」。

享用與故事相關的料理和飲料
完全化身為書中主角！

A 既可以品嘗最喜歡故事中的食物，也可以找找點來的菜在哪本書中有出現。**B** 店主人寫的讀書感想文杯墊共有24種。**C** 店內設有吧台座、桌座、沙發座。

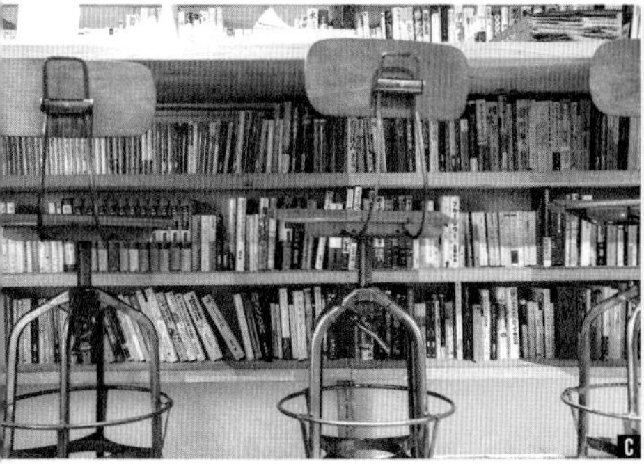

看書時 用餐和飲酒都OK！

部分餐點菜色是模仿小說中的餐點而成，愛書人一定會愛不釋手。簡餐、正餐、甜點都有，可以視自己肚子餓的程度挑選。

店內可以聊天也可以使用電源，因此在這工作的人也多。後方的沙發座，是可以躺著看書的絕頂幸福空間。

不常看書的人，可以請都愛書的店員幫你找看看，也可以從告示牌來選自己喜歡的書籍，之後一定可以成為愛書人的。每月舉辦1次讀書會，可以就自己喜歡的書籍發表心得意見。週六日人多，因此平日夜晚最值得推薦。

告示牌上有時會貼有“找書”的訊息。

Information

電話 03−6455−0629
時間 11:00～17:00、18:00～24:00、週五六、假日前日為18:00～26:00
公休 不定休
費用 爸爸喜歡的鹹派600日圓、Sicilian Kiss 800日圓等。加入會員後享有座位費(500日圓)免費等優惠。
地址 渋谷区円山町5−3萩原ビル3F
交通方式 各線澀谷站步行7分
HP http://morinotosyoshitsu.com/

還有還有！

晚上的特惠POINT

東西南北、形形色色書中登場的那道菜肴端上檯面！

右上照片中的食物是《西方魔女之死》裡「爸爸喜歡的鹹派」；酒是《神之船》裡“甜蜜蜜的滋味，一喝成癮的味道”「Sicilian Kiss」。可以吃到自己喜歡的故事裡的料理。

夜間會切換成
情調燈光
但可以借來讀書燈
一樣專心看書♪

A 掛有深具特色DM和海報的大廳。**B** 共有142個座位。每個位置都無死角，椅子舒適好坐，最近常播放年輕導演的片子。上映主題「這次和下次完全不同」也備受好評。**C** 售票入口處另有販售手冊和商品等。

02 最後一場在晚上19時、20時左右 票價折扣200日圓也令人歡喜

CINEMA VERA SHIBUYA

【シネマ ヴェーラ渋谷】

Information

電話 03−3461−7703
時間 視上映電影而異
公休 1月1日
費用 一般1500日圓（2片聯映）之外，最後一場折扣200日圓 ※可能因上映作品而異
地址 渋谷区円山町1−5KINOHAUS4F
交通方式 各線澀谷站步行10分
HP http://cinemavera.com/

女性也可以放心 可以觀賞成人電影

義大利文意思是「春天」涵義的老電影戲院。在「年輕人多觀賞電影名作」的心願下，上映的片子不分日本國內外、古典或現代都有。以「只能在這裡看到」的齊全影片聞名。雖然黑道特集和成人電影特集多，但女性客人容易進入也是這家電影院的特色。常會播放的「電影史上的名作」等古老作品，別有一番韻味。通常是2部片子聯映，可以看到心滿意足。

清水模的時尚建築外觀。

共有貓頭鷹6種7隻。找找看有沒有你喜歡的孩子。

03 剛玩回來疲倦了 摸摸貓頭鷹放鬆一下吧

貓頭鷹咖啡廳 Cafe HOOT HOOT

【フクロウカフェ・カフェ・ホウホウ】

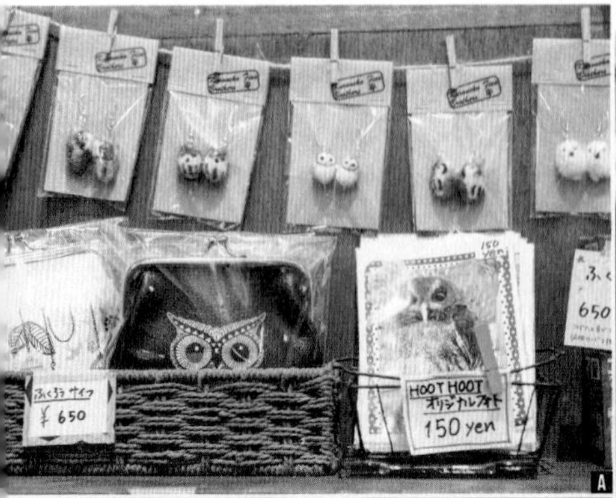

摸摸不怕人的貓頭鷹 好好地放鬆自己

可以在復古風的咖啡廳裡，摸摸碰碰多在夜晚出沒的貓頭鷹。晚上營業到很晚，讓「下班回來的人可以來」，當然玩累了歸來也正好。

貓頭鷹沒有飼養在籠子或玻璃箱裡，而是就在附近有時飛有時跳，也有時走走有時啼叫一下……充滿了自由感。可以拿杯飲料在手上，摸摸羽毛蓬鬆的貓頭鷹，或是拍張照（禁用閃光燈）。加價後還可以讓貓頭鷹停在手上。晚上20時30分～21時左右是貓頭鷹的用餐時間，運氣好的話還可以看到餵食畫面，或是直接餵食飼料。

貓頭鷹共有7隻，個性也都不同。即使只是看看牠們停在各自喜歡的地方休息的樣子，

Information

電話 03−6778−2364
時間 15:00〜22:00、週六日假日為12:00〜
公休 過年期間
費用 30分1杯飲料1500日圓、1小時1杯飲料2500日圓等。加200日圓可選酒精飲料。貓頭鷹飼料1杯500日圓。
地址 渋谷区神泉町10−16
交通方式 京王井之頭線神泉站步行2分、各線澀谷站步行10分
HP http://shinsen1554.jimdo.com

20時30分～21時
還可能餵餵牠們哦！

停在手上，可以近距離撫摸！
（1隻500日圓）。

C

D

A 手工耳環和襪子等的貓頭鷹商品也有很多。B 飲料可由咖啡、紅茶、果汁等選擇。C 有著圓圓眼睛的小茉莉（照片右）和小比奈。D 伴手禮是"可帶來幸運"的貓頭鷹羽毛。放在手冊或夾鏈袋裡作為御守。

白天疲憊的身心都能夠得到放鬆。聽說週日可能會提早打烊，要去之前可先打個電話問問。

從大窗能看到暮色中的澀谷街景。
夜晚不論燈光和音樂都浪漫。

04 晚上22時前可以用數位機器進行手做體驗

FabCafe Tokyo

【ファブ・カフェ・トウキョウ】

使用3D列印機等來趟數位式的製造體驗

製造數位產品的咖啡廳，大家很少聽過的咖啡廳位於道玄坂上。使用雷射切割機或3D列印機等的數位工作機器，最短30分鐘就可以做出獨一無二只屬於自己的馬卡龍或印章。因為使用的是ipad，第一次做的人也可以輕鬆做出；數位機器則由工作人員負責操作。此店需要預約，但平日的話即使當天預約機會都很大。

當然，單獨使用咖啡廳也OK。咖啡廳菜色部分，包含烘焙起就很講究的咖啡和精釀啤酒，以及最適合蔬菜攝取不足的現代人點用的沙拉、肉類菜色等種類豐富。在享用有益身體的飲料和餐點時，數位產品也就完成了。

Information

電話 03－6416－9190
時間 10:00～22:00、週日假日～20:00
公休 不定休
費用 Fab體驗為，馬卡龍(3個)1500日圓、木頭印組1000日圓等。※印組種類有可能變動。咖啡廳餐點有咖啡400日圓、三明治850日圓等
地址 渋谷区道玄坂1－22－7道玄坂ピア1F
交通方式 京王井之頭線神泉站步行3分、各線澀谷站步行10分
HP http://fabcafe.com/tokyo

夜深時分依然有許多有大量蔬菜的菜色

就因為是晚上才要用蔬菜填飽肚子！「當令鮮蔬多彩沙拉」（850日圓）。

C

D

A 用ipad畫出設計圖案，新手也輕鬆搞定。B 運用雷射切割機在馬卡龍上雕刻圖樣。製作中會飄來陣陣燒烤的甜甜香氣。C 招牌的棉花糖拿鐵（500日圓），逐漸溶化的棉花糖好可愛♡D 空手來也沒關係，工具一應俱全。

窗戶又大又寬的店內可以使用電源和Wｉｆｉ，因此店內總是擠滿了在這裡做各種用途和工作的人，非常熱鬧。第一次用製作數位產品來度過夜晚，也是不錯的選擇。

有多種型態的座位，每種都很出色吸睛。

05 在夜晚用一個硬幣欣賞現場演奏 廣達300個座位的咖啡廳&酒吧

eplus LIVING ROOM CAFE&DINING

【イープラス・リビングルーム・カフェ・アンド・ダイニング】

在復古的燈具照明下，享受音樂的夜晚。

像是被邀請到紐約藝術家的家中作客一般

澀谷道玄坂途中，居然有這麼大而不為人知的空間！令人驚豔。而且，幾乎每晚舉行的爵士和巴薩諾瓦等的現場演奏，座位費只要500日圓。演奏時飲食和聊天都OK。這是在「希望大家更輕鬆地來欣賞音樂」的概念下發展出來的。舞台也近在眼前，更是臨場感十足。店家獨到眼光挑選的藝術作品也值得好好欣賞。

酒和料理則是品項齊全，不論是1人、2人、許多人或是數人來或和誰來，都可以充分滿意。設有罕見的自助式葡萄酒吧，即使別家非點一瓶不可的葡萄酒也可以單杯點用。

店內設有沙發座、吧台座、露台座等座位種類多元。現場演奏每晚都有，不想聽演奏只

Information

電話 03−6452−5424

時間 11:30〜24:00、週日假日〜22:00、L.O.為打烊前1小時。假日前通常營業。

公休 年初

費用 夜晚的現場演奏座位費1人500日圓、檸檬炸麵包972日圓、溫泉蛋普羅旺斯燉菜864日圓等。

地址 渋谷区道玄坂2−29−5渋谷プライム5F

交通方式 直通東京Metro澀谷站地下通道；JR澀谷站步行5分

HP https://livingroomcafe.jp/

聽or不聽現場演奏可以自行選擇

C

A

B

A 每晚的現場演奏通常是晚上7點半、8點半、9點半共3次，各20分鐘。（照片提供：eplus Live Works）B 葡萄酒供應器採用預付卡方式，可以喝到多種口味。C 高人氣的「牧草牛的薄切牛排」（2160日圓）瘦肉多清爽可口。和自製糖漿調出的「祖母的美國檸檬汁調酒」（972日圓）一起享用。

想放鬆時，可以選擇聽不太到樂聲的免座位費座位，實在太貼心了。下午17時後便不能用電腦，可以置身在安靜的環境裡。不管你要什麼氛圍的夜晚，在店內都可以悠閒度過。

C

A

D

B

A 「第一屆澀谷落語大賞」的落語家，第二代瀧川鯉八。今後的活躍值得期待。**B** 正因為在澀谷，館內年輕人多，活力十足。**C** 黑暗的館內浮現的紅色高座十分鮮豔。會在螢幕上打出表演者姓名，而沒有一般的「演出表」。表演全部結束後會標示出演目。**D** 當天也可以購票，但預購會比較便宜。

06 | 最晚場晚上20時開場
在澀谷電影院裡觀賞落語

澀谷落語

【渋谷らくご】

Information

電話 03−3461−0211

時間 每月第二週五起5天。週六日為14、17時開演、週五一二為18、20時開演

費用 2小時的「澀谷落語」成人2500日圓等、「單人落語」「雙人落語」成人1200日圓等。預購各折扣200日圓。

地址 渋谷区円山町1−5 KINOHAUS 2F EUROSPACE內

交通方式 各線澀谷站步行10分

HP http://eurolive.jp/shiburaku/

一天的行程結束後 在電影院的輕鬆落語體驗

在年輕人的城區澀谷，每月5天由中午到晚上舉辦的落語講談會人氣超高。現在甚至有「Shiburaku」的暱稱，和一般落語表演不同的形式受到年輕人的喜愛。為了讓新手能夠輕鬆觀賞，也提供1小時的「單人落語」「雙人落語」；但相對地，也有落語迷們會喜歡看的，表演新作品的「創作落語」和只講導讀部分的「枕王」。可以切身了解到落語是貼近生活的談話藝術。

建築3樓還有電影院「EUROSPACE」。

照片提供：EUROSPACE

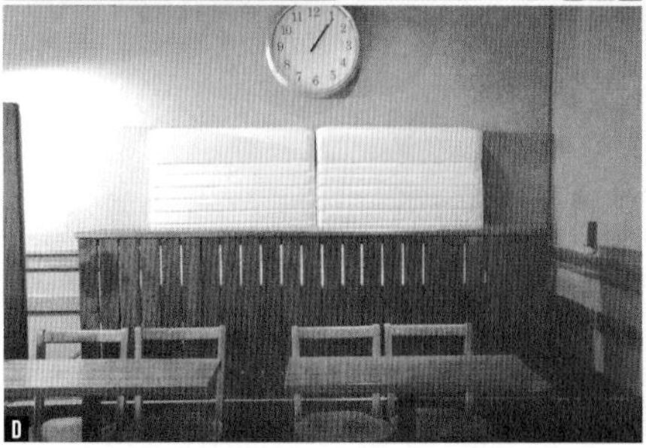

A 大大的一張用豆科的樹-非洲玫瑰木做的大桌子，務必坐坐看。**B** 可以購買咖啡豆和麵包。**C** 使用芋頭豬做的大分量「豬排三明治」（880日圓）和“人體”溫度的「牛奶咖啡」（450日圓）。**D** 舞台對面原是包廂的座位，十分受到歡迎。

07 在遠離喧囂的靜寂中
品嘗“豆子”咖啡廳的咖啡

Cafe Mame-Hico
宇田川町店

【カフェマメヒコ　宇田川町店】

Information

電話 03－6427－0745
時間 12:00～22:00
公休 不定休
費用 餐點之外另需支付「豆子費」（餐桌費），平日300～450日圓、週六日假日350～500日圓（視時段而異，以離店時間計算）。
地址 渋谷区宇田川町37－11
交通方式 各線澀谷站步行10分
HP http://mamehico.com/

這裡真的是澀谷？寧靜和放鬆的咖啡廳

煤油燈閃爍著，像是歐洲古老電車，又像是教會般的莊嚴氛圍。店內主要是一張大桌子，搭配上吧台座，甚至還有小小的舞台。「享用日本古來豆子和美味的咖啡」下產生的菜單，不惜費時費工做出，咖啡和紅豆等豆類菜色不應錯過。就在時間像是停止般的空間裡，享用有益身體的菜色，把日常雜事先放在一邊吧。

店內放有「味噌會」製作的味噌，令人興致盎然。

A 寬闊的樓層共有15張桌球桌。**B** 以桌球桌為靈感的雞尾酒「Les Yeux bleus」（500日圓），小菜種類也很多。**C** 計分板樣式復古看起來很時髦！**D** 各球桌旁都有座位和小桌子可以進食，玩累了就休息一下吧。

08 車站附近，打桌球到早上還有酒類和下酒菜

澀谷
桌球俱樂部

【しぶやたっきゅうくらぶ】

Information

電話 03−3409−9810
時間 10:00～05:30（最後入場與L.O.為05:00）
公休 全年無休
費用 一桌30分鐘使用費：10～19時600日圓、19～05時900日圓、週六日假日一律900日圓
地址 渋谷区渋谷1−14−14EST渋谷東口会館9F
交通方式 各線澀谷站步行1分
HP http://shibuyaest.co.jp/pingpong

打打桌球出點汗 讓精神重新啟動

桌球是一種就算不會運動的人，一旦拿起了球拍都能玩得很快樂的運動。在酒類和簡餐陪伴下，這個運動可以玩一整個晚上。店內時尚乾淨的空間令人雀躍。提供球鞋出借和販售襪子，因此不必考慮換裝。有些上班族穿著襯衫來消除壓力，也在換了衣服之後全力地練習。同行的遊伴或是伴侶，來場輕鬆的運動如何？

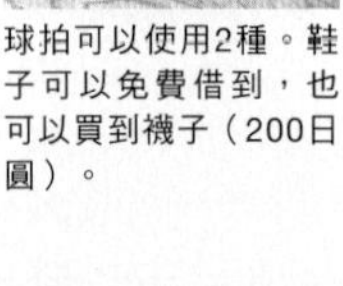

球拍可以使用2種。鞋子可以免費借到，也可以買到襪子（200日圓）。

夜晚攝影講座.Ⅱ

不要打擾到
其他的客人哦！

天色很暗
要注意周遭！！

巧妙拍好夜貓子的玩樂照片！！

夜景篇

夜景景點每個人都想拍照。就把眼前那光耀如寶石般的夜景好好地拍下來，
向大家炫耀一番吧。這裡告訴你智慧型手機也用得上的訣竅。
（攝影協力：東京城市景觀）

CASE.1 自己和周邊環境都反射在玻璃上了…

BAD

在展望樓層經常出現的失敗例子…

把鏡頭和
智慧型手機
緊貼在玻璃上！

GOOD!

鏡頭和玻璃之間沒有距離，就不必擔心會照到其他東西了。雙手拿穩相機，注意手震。

CASE.2 夜景整體都是白的，太亮了…

BAD

相機如果只用自動調整模式…

把相機的
曝光補正調成負的。
智慧型手機則要對準
夜景而非天空。

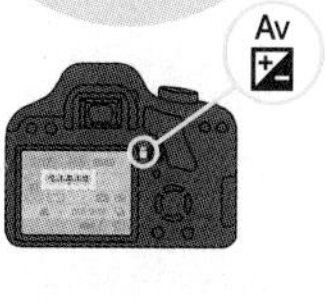

GOOD!

這是相機自動決定亮度時引起的問題。試試以地面的夜景來決定亮度。

料理篇（P.21）、動物篇（P.69）也別錯過哦！

④ 惠比壽區域

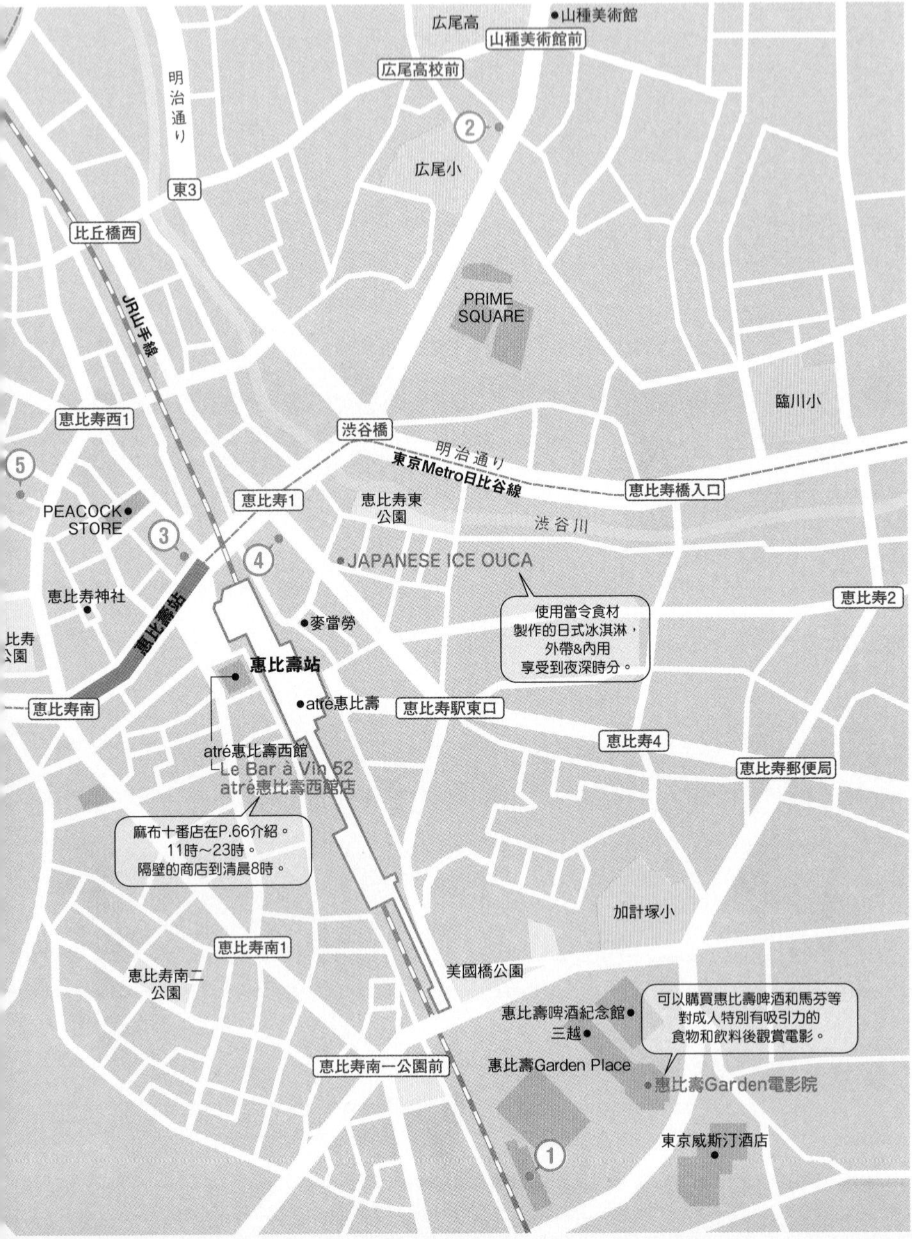

●山種美術館
広尾高
山種美術館前
広尾高校前
明治通り
②
広尾小
東3
比丘橋西
JR山手線
PRIME SQUARE
臨川小
恵比寿西1
渋谷橋
明治通り
東京Metro日比谷線
恵比寿橋入口
⑤
恵比寿1
恵比寿東公園
渋谷川
PEACOCK STORE●
③
④
●JAPANESE ICE OUCA
恵比寿神社
惠比壽站
●麥當勞
使用當令食材製作的日式冰淇淋，外帶&內用享受到夜深時分。
恵比寿2
比寿公園
惠比壽站
恵比寿南
●atré惠比壽
恵比寿駅東口
恵比寿4
atré惠比壽西館
Le Bar à Vin 52 atré惠比壽西館店
恵比寿郵便局
麻布十番店在P.66介紹。11時～23時。隔壁的商店到清晨8時。
加計塚小
恵比寿南1
恵比寿南二公園
美國橋公園
惠比壽啤酒紀念館●
三越●
可以購買惠比壽啤酒和馬芬等對成人特別有吸引力的食物和飲料後觀賞電影。
恵比寿南一公園前
惠比壽Garden Place
●惠比壽Garden電影院
東京威斯汀酒店
①

猿楽町
猿楽小
猿楽小学校裏
代官山 蔦屋書店2樓的咖啡廳。
設有優質的沙發座位和1個人
也容易使用的吧台座等，
可以視狀況使用。
Anjin
代官山
蔦屋書店
名稱特殊的馬路旁，
以豆類料理聞名的現場演奏餐廳。
演奏者各領域都有，
都是具有各自特色的人士。
晴れたら
空に豆をまいて
代官山站
旧山手通り
代官山交番前
鎗ヶ崎
駒沢通り
東京Metro日比谷線
東京中心區罕見設有
露天浴池的錢湯，
營業到25時。
光明泉
駒沢通り
中目黑站
目黒学院高
目黒川
中目黒立体交差
N
0
200m

圖書室開放到下午18時，但絕對值得用用看。

01 週四五開館到晚上20時
還會有深夜場電影上映

東京都寫真美術館

【とうきょうとしゃしんびじゅつかん】

A

B

高高的大窗戶外，是惠比壽的夜景。又寬又大的2樓大廳。

享受沉浸在照片和影像魅力裡的夜晚

位於惠比壽Garden Place內的照片和影像綜合美術館，於2016年時重新裝修開幕。入口處一變而成為黑白為基調的時尚空間，展示室也安裝了全新的燈光設備，更能夠感受到作品的魅力了。展覽有將超過3萬件館藏依主題展出的精選展，也有活躍在日本國內外攝影家的個展等。館內有3個展示室和影像廳，十分值得觀賞。

週四五這兩日展覽延長到晚上20時，1樓的大廳裡還有晚場影片可以觀賞。美術館商店「NADiff BAITEN」移到2樓，1樓則有代官山的著名麵包咖啡廳「MAISON ICHI」進駐，可以吃到使用液態酵母和北海道

Information

電話 03-3280-0099
時間 10:00~18:00、週四五~20:00（入館至閉館的30分前） ※MAISON ICHI為10:00~20:00（L.O.19:30 週一休）
公休 週一（逢假日則開館，翌週二休）、過年期間、臨時休館日
費用 視展覽、影片而異
地址 目黑区三田1-13-3惠比壽Garden Place內
交通方式 JR惠比壽站步行7分、東京Metro惠比壽站步行10分
HP https://www.topmuseum.jp

附設咖啡廳到晚上20時 都可以外帶也可以內用

C

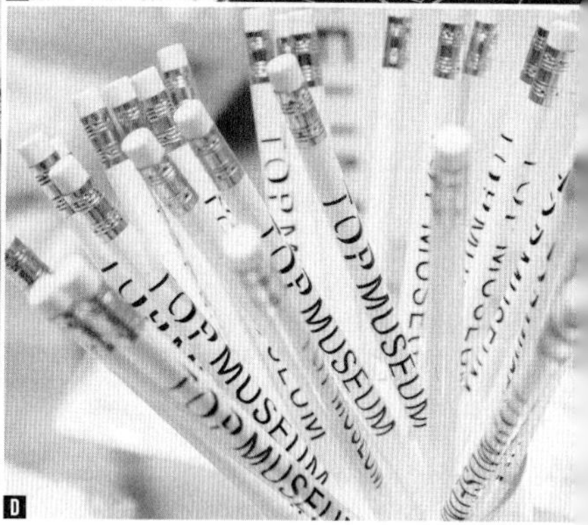

D

A 最新的燈光設備更能感受作品臨場感的展示室。（照片提供：東京都寫真美術館）B 在大人的街區惠比壽，晚上也可以觀賞照片和影片。C D 原創商品和照片目錄和在商店購買。

產小麥等講究食材做的麵包和鹹派。特色是大大窗戶的挑高大廳裡，夜晚可以平靜休息。

人少的平日夜晚可以好好地觀賞展覽和影片，能放鬆休憩的時間和空間備感奢侈。

A 微醺小皿套餐（附1飲料1500日圓）搭配原創日本酒「めぐたま」。B 入店後左側是日本，右側是國外的書籍。抬頭一看，還有書本形狀的燈罩。地板上還有飯澤先生的藝術作品。C 發現了日本著名攝影家荒木經惟的《おー日本》。

02 欣賞著珍貴的攝影集 享用有益身體的餐點到深夜

写真集食堂 めぐたま

Information

電話 03－6805－1838

時間 11:30～23:00（L.O.22:00）、週六日假日 12:00～22:00（L.O.21:00）

公休 週一（逢假日則翌週二）

費用 晚餐限定「季節的一汁三菜晚餐套餐」1500日圓、附1飲料2000日圓、猿田彥咖啡（法式濾壓壺）600日圓、手作村井弦齋的米糠蛋糕700日圓等。

地址 渋谷区東3－2－7 1F

交通方式 JR、東京Metro惠比壽站步行7分

HP http://megutama.com/

由攝影評論家收集 珍貴攝影集的咖啡廳

欣賞著多達5000冊的攝影集，同時享用重視素材的「日本家庭餐點」的食堂。藏書的主人，是身為著名攝影評論家超過30年的飯澤耕太郎先生。對攝影集不熟悉的人，也一定找得到自己喜愛的一本。

怎麼都吃不膩的家庭料理，由午餐、甜點到定食，每天更換菜色。店內也會舉辦飯澤先生的「代表作選輯評論」和音樂現場演奏等活動。

完全沒使用柱子的「Aero House」建築也值得一賞。由建築家村井正先生設計。

A 最暢銷款到新品種，甚至原生花種都有。氛圍平易近人男性也容易進入。B 等著搭配花束的完成有些迫不及待。C「我好想要這種類！」花束包（1000日圓～），在電車內不會擠變形容易攜帶。原創商品。

03 車站附近到深夜都能購買！鮮花、乾燥花、花束搭配都有

SORCERY DRESSING

【ソーセリー・ドレッシング】

Information

電話 03−6427−8013
時間 10:00～23:00、週六日、假日～21:00
地址 渋谷区恵比寿西1−7−6
交通方式 JR、東京Metro惠比壽站步行1分
HP http://sorcery-dressing.com/

花束重視顏色香味和質感都以最自然的形態完成

車站前縱長型大樓裡的這家花店，平常到晚上23時還買得到花和花器等。店內呈現出花卉輪廓的平緩形態，1、2樓都以鮮花為主，加上保鮮花、乾燥花、觀葉植物、多肉植物等擺滿了店內。鮮花備有罕見品種，可以因應特別需求的訂購。單買1支也OK。碰到好事或值得紀念的日子，回飯店途中不妨來買買花吧！

2樓多是綠色觀葉植物、乾燥花、多肉植物，可以視用途選購。

A 啤酒機有精釀啤酒4種、蘋果酒1種、精釀葡萄酒1種共6種。酒桶內的酒用完後就會換上別的牌子。**B** 加香辛料的巧克力（法國製）等多種個性化下酒菜。**C** 也有販售外帶用的啤酒罐、瓶、保冷包等，可以放心。**D** 另有多種可以瓶裝外帶的精釀啤酒。

04 用秤重方式購買精釀啤酒或葡萄酒

Liquor Shop NIGHT OWL

【リカーショップ・ナイトオウル】

Information

電話 03−6277−3743
時間 13:00～22:00、週六日、假日為11:00～20:00
公休 不定休
費用 啤酒機的秤重販售為100ml價格180～600日圓(視品牌而異)。酒單和價格會公布在以下的部落格裡，可以先行確認。
地址 渋谷区恵比寿1−8−3−103
交通方式 JR、東京Metro惠比壽站步行2分
HP http://night-owl-ebisu.hateblo.jp/

店名來自於英文的諺語。有貓頭鷹圖樣的原創酒瓶也值得購買。

玩累時可以在房間喝 也可以帶回國內當伴手禮

瓶裝葡萄酒或精釀啤酒，往往會發生喝不完的情況。但是，這家酒店就可以秤重購買。使用溫度管理徹底的啤酒機，用名為Growler的啤酒罐帶回去的方式。容器可以在店內購買，重覆使用。另有老闆精選的酒、無酒精飲料等瓶裝販售，還可以試喝（付費）。還有最適合作為下酒菜的生火腿和起士、罐頭、調味料等食物，盡是罕見的食材，令人愛不釋手。

A「為大人開設的順道線圖」課裡，以自由製作方法挑戰藝術。**B**「女性的身體與生活設計」課裡，學習身體的變化，設計出自己的生活。**C** 建築師原廣司的設計，由高天花板上的天窗投射進自然光，晚上轉為沉穩的氛圍。
※授課畫面是過去的課程，最新資訊請參考下面網站。

05 夜晚19時之後 讓知識升級的授課

編織未來 amu

【みらいをあむ　アム】

Information

電話 03－5725－0145
時間 晚上以19:00、19:30開課的居多
費用 視內容而異
地址 渋谷区恵比寿西1－17－2
交通方式 東京Metro惠比壽站步行2分、JR惠比壽站步行4分
HP http://www.a-m-u.jp/

「編織自己未來」的知識與體驗

不拘泥於形式的繪畫體驗，或是聆聽設計師或創業家，抑或是食生活和身體的專家演講，再來修改自己的生活方式……。這是在「編織自己未來的場所」的概念下，在車站旁的優越地理條件下建起來的學校。專業領域由藝術到商務、生活方式等，開課範圍極為廣泛。建築在綠意圍繞下，是有著洋溢清潔感的時尚空間，更可以激發出對於知識的好奇心。

位於車站附近，又是沒有關聯性的課程，十分方便大家參加。

照片提供：編織未來 amu

⑤ 六本木、麻布十番區域

東京大倉酒店
ARK Hills South Tower
六本木通り
首都高速渋谷線
六本木一丁目站
泉ガーデンタワー
城山トラストタワー
└Le Bar à Vin 52
神谷町店
麻布十番店在P.66有介紹。
平日為8（週六日假日為11）時～23時。
附設迷你販售店。
神谷町站
東京Metro南北線
麻布通り
6
六本木5
外苑東通り
麻布小
AXIS
大樓
飯倉片町
洋英和
学院小
麻布郵局
東京metro日比谷線
史努比
博物館
飯倉
東京タワー通り
東洋英和
女学院中・高
首都高速
環状線
駐日
俄羅斯連邦
大使館
斐濟
大使館
桜田通り
東京鐵塔
狸穴
公園
7
150公尺高處的瞭望台，
為上午9時到夜晚23時。
還有可以走塔外階梯
上下的活動。
集日本國內外約
360種鹽的專門店。
還吃得到
「雪鹽霜淇淋」。
坂下
麻布十番站
塩屋
麻布十番店
新一の橋
東麻布1
都營大江戸線
5
一の橋
鶏そば十番156
麻布十番本店
赤羽橋
赤羽橋站
麻布十番站
濃稠卻又清爽味道的
雞白湯極美味的拉麵店。
女性可以輕鬆入內的時尚內裝。
P.30有介紹青山店。
營業到清晨4時半。
這裡一樣是時尚的內裝。
麻布 川上庵
麻布通り

1

東京城市景觀

▶ P.60

2

森美術館

▶ P.63

3

TSUTAYA TOKYO ROPPONGI

▶ P.64

4

KALIANg

▶ P.65

5

Le Bar à Vin 52 麻布十番店

▶ P.66

6

KAKIGORI CAFE&BAR yelo

▶ P.67

7

Mixology Bar Source 2102

▶ P.68

夕陽西下的黃昏景色極美。晚上早歸時值得一賞。（照片提供：森大樓）

01 觀賞不夜城的夜景和星空是夜晚的特權

東京城市景觀

【東京シティビュー】

在海拔270公尺的
SKYDECK上沉醉於
美麗夜景♪

52樓高空看到的華麗夜晚市景

六本木新城上的觀景台，是360繞一圈的迴廊式，玻璃窗子的高度是最大特徵。高度達11公尺，一望無際的開放感難以形容。周圍沒有阻擋的建築，除了美好的夜景之外，更能盡情地觀賞落日的夕陽美景。

也可以在附設的咖啡廳和餐廳裡，享受著250公尺高度的絕景，同時享用雞尾酒，閃耀的夜景簡直像是自己也光耀奪目一般。

各個季節的活動也十分多元，使用全年護照票可以進入森美術館觀賞部分展覽，十分划算。看著雄偉的夜景，自己的煩惱和遊玩的疲累都一掃而空。

參加一下屋頂SKYDECK的星空觀測會吧

A 觀景台的夜景美不勝收。各季節的活動也非常有趣。（照片提供：森大樓）**B** 關東第一的高度！在屋頂SKYDECK感受東京上空的風吧。**C** 六本木天文俱樂部的星空觀測會在直升機停機坪舉辦。只有這時才能進入停機坪。

A

C

B

海拔270公尺！屋頂SKYDECK

東京城市景觀的觀景台有個名為「SKYDECK」的屋頂，天氣OK時可以另加費用進場。令人驚訝的是，這裡會舉行星空觀測會呢！舉辦活動的每月第4週五名為「六本木天文俱樂部之日」，只要有SKYDECK的門票，不需預約便可以參加。

晚上19時開始，會架有3～4台望遠鏡，觀察到的星空也每個季節都不同。有義工的輔助和專家的解說，連初學者都會馬上有天文迷般的感覺。大都會裡居然有這種星空！令人著迷。有「超級月亮」等話題性天文現象時，也會舉辦特別觀測會。可多注意官網說明。

舉行星空觀察的地方就在這裡！中心部分是直升機停機坪。
（照片提供：森大樓）

Information

電話 03−6406−6652

時間 10:00～23:00（最後入館22:30）；週五六、假日前日～25:00（最後入館24:00）。SKYDECK為11:00～20:00（最後入館19:30）※SKYDECK遇到雨天、濃霧等天候不佳和強風時，可能不經預告逕行關閉。

公休 不定休

費用 除了一般1800日圓之外，SKYDECK另行加收500日圓

地址 港区六本木6−10−1六本木新城森大樓52F屋頂

交通方式 直通東京Metro六本木站中央大街、都營地下鐵六本木站步行4分

HP http://www.roppongihills.com/tcv/jp/

還有還有！

晚上的特惠POINT

不需預約！每個人都能觀察星空的活動

SKYDECK上的星空觀測會，由有「星空侍酒師®」之稱的泉水朋寬先生監製。對於中秋的明月、流星群、土星環等閃耀的星空表情，每個人都會興奮莫名。全年護照票不必加價便可進入SKYDECK，十分划算。

東京市中心居然可以看到
這麼美的星星，好感動！

A B 2016年7月30日到翌年1月9日舉辦的「宇宙與藝術展：輝夜姬、達文西、teamLab」的展示畫面。C 外觀（水晶門）在夜晚會打上燈光。
A B 拍攝均為：木奧惠三

02 展期中除週二外 每天晚上22時前都可以欣賞藝術

森美術館

【もりびじゅつかん】

Information

電話 03−5777−8600（NTT替代服務）
時間 10:00〜22:00、週二10:00〜17:00（入館至閉館的30分前）
公休 更換展品期間
費用 視展覽而異
地址 港区六本木6−10−1六本木新城森大樓53F
交通方式 直通東京Metro六本木站中央通道、都營地下鐵六本木站步行4分
HP http://www.mori.art.museum/jp/

部分展示內容為夜景與藝術的共生

位於地面上約230公尺處，主要展示現代美術的美術館。原來是為了上班的人可以在平日欣賞藝術，便在週二之外都開館至晚上22時，這也方便了白天出遊的遊客。每年會舉辦約3次企劃展，部分展示內容在觀賞的同時也能看到東京的夜景；只能在這裡看到的獨特風景展現在眼前。介紹的現代藝術往往會讓人接收刺激，是個能夠獲取能量的美術館。

商店裡販售的藝術家商品（照片左：草間彌生的盤子「Fish」27000日圓），和原創商品（右：托特包2376日圓）。

照片提供：森美術館

A 收銀前方通稱「靈感的平台」。擺滿了店員們推薦的書籍，而且都是其他書店罕見的書種。**B** 店內設有多種座位。後方附飲料座的座位更是熱門。**C** 2樓販售「音樂諮詢服務員」挑選的原創沙發音樂。

03 早上7時到翌日4時 書香咖啡廳的先驅

TSUTAYA TOKYO ROPPONGI

【ツタヤ・トウキョウ・ロッポンギ】

Information

電話 03−5775−1515
時間 7:00~04:00
公休 全年無休
地址 港区六本木6−11−1六本木新城六本木櫸木坂通
交通方式 東京Metro六本木站步行10分、都營地下鐵麻布十番站步行10分
HP http://real.tsite.jp/ttr/

書、音樂、電影，提供優質的生活方式選擇

就像貼近著六本木區域一般，大清早到終電後還在營業。1樓是書店和咖啡廳、商品，2樓則是電影與音樂的樓層，書籍和雜誌約有4萬5千本。是在輕鬆造訪看看能否找到靈感的這種思維下精選出來的。部分店員是「圖書諮詢服務員」，看來熟客們都靠他們推薦了。只要在這裡就會不斷浮現好點子，甚至忘了時間的流逝。

讓書香生活更為生色的商品，文具和雜貨、擺飾品都有。

A 中央有面大鏡子，捧著花束站在這面美好的鏡子之前，就像是童話世界的居民一般。**B** 花卉相關的雜貨都很可愛。**C** 各種形狀都有的花盒，打開蓋子就會現出美麗的花朵！能夠創造驚喜。**D** 採訪時店內正在製作妝點餐會餐桌的插花。

04 平日營業至晚上24時 花盒非常可愛

KALIANg

【カリアン】

Information

電話 03−6447−0873
時間 10:30～24:00(訂花至23:15)、週六～20:00、週日假日～17:00
公休 週日不定休
地址 港区六本木7−8−5 1F
交通方式 都營地下鐵六本木站步行1分、東京Metro六本木站步行3分
HP http://www.kaliang.com/

藉著當令的花和雜貨 享受有花的生活

櫥窗內擺飾著英國骨董調性的商品，是間可愛的花店。店內的花卉，都是和日本國內外花農交易精選而來，最推薦的是插花花盒。尺寸和顏色、形狀多元，可以直接作為內裝擺飾，適合當作禮物。運氣好的話，還可以親眼看到花藝師店長在收銀枱處製作插花的樣子。

收銀枱和擺放緞帶的架子都是骨董！

A 店內設有吧台座和桌座，可以視需要使用。**B** 內裝是倣效運送中的貨櫃而來！**C**「整個法國產卡門貝爾起士燒烤起士鍋附三浦蔬菜和當令蔬菜」（1680日圓）。將蔬菜沾上濃稠起士享用吧。**D** 葡萄酒來自世界各國，以法國波爾多為主。

05 可以在樓下24小時營業的超市購買喜歡的葡萄酒和起士

Le Bar à Vin 52 麻布十番店

【ル・バー・ラ・ヴァン・サンカン・ドゥ・あざぶじゅうばんてん】

Information

電話 03−5439−6403

時間 午餐11:30〜15:00、晚餐17:00〜23:00(週六日假日為15:00〜)；週五六有酒吧(23:00〜05:00)，L.O.均為打烊1小時前

公休 不定休

費用 LBV精選！生火腿和義大利臘腸類6種拼盤1680日圓、瓶裝葡萄酒2800日圓〜、52週享用的杯裝葡萄酒500日圓〜等

地址 港区麻布十番2−2−10麻布十番廣場2F

交通方式 東京Metro麻布十番站步行2分

HP http://lbv52.jp/

成城石井設計的葡萄酒吧CP值很高

旗下擁有140家超級市場的成城石井，運用自己的物流網，讓高品質的葡萄酒和起士、生火腿，能以低廉的價格享用到。店內有超過120種的瓶裝葡萄酒，「52週享用的杯裝葡萄酒」則常備有15種！喜歡的葡萄酒可以在樓下的超市或其他分店購買，實在非常方便。生火腿在店內切片，口感上尤其膨鬆可口。部分料理的食材和調味料可以在超級市場買到，也能成為家裡做菜的參考。

在1樓24小時營業的成城石井裡，可以買到部分喜歡的葡萄酒和食材。

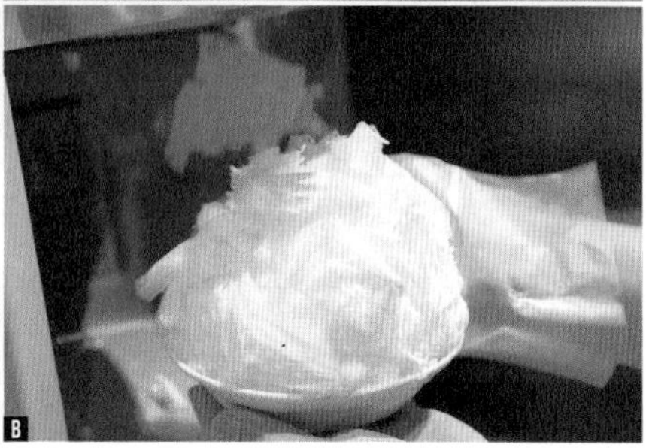

A 胡蘿蔔糖漿和馬斯卡彭起士的搭配「有機胡蘿蔔馬斯卡彭起士」加上雛霰配料（照片左）和「提拉米蘇」。**B** 創造出膨鬆口感的動作為師傅等級工藝，刨冰過程都看得到。**C** 紅色基調的店內，設有單人可以輕鬆利用的吧台座。**D** 經徹底溫度管理的優質冰，是美味的秘訣。

06 平日營業到清晨 鬆軟化口的刨冰

KAKIGORI CAFE&BAR yelo

【カキゴオリ・カフェ・アンド・バー・イエロ】

Information

電話 03－3423－2121
時間 11:00～早上、週日假日～23:00（L.O.打烊前30分）
公休 全年無休
費用 有機胡蘿蔔馬斯卡彭起士900日圓、提拉米蘇850日圓
地址 港區六本木5－2－11パティオ六本木1F
交通方式 東京Metro六本木站步行3分、都營地下鐵六本木站步行4分
HP http://yelo.jp/

365天到深夜都可以吃到健康的高級甜點

平日到早上都吃得到的超越冰果領域的進化系刨冰。用優質冰仔細刨出來的冰，不但膨鬆而且入口即化，又不會令人頭痛。醬料經再三研發之後做出，提供必吃和季節限定的冰品。醬料分為3層淋下，吃到任何地方味道都相當濃郁。十分對味的配料種類多元，低熱量卻能提供高滿足感，是夜晚最佳的甜點。

18時之後可以點用加了酒精的「夜冰」也是此店的特色。

A 店內有吧台座7位、桌位2張、露台座1位（可吸煙）。混了酒在內的巧克力、花了3小時做的馬鈴薯沙拉等食物也充實。**B** 吧台上擺了許多當令的水果和蔬菜。**C** 照片右方為使用石榴的雞尾酒，左方為愛爾蘭咖啡。**D** 製作雞尾酒的過程像是魔法一般。

07 店內全面禁菸
古老獨戶的低調酒吧

Mixology Bar Source 2102

【ミクソロジー・バー・ソース2102】

Information

電話 03−6441−2870
時間 18:00～Good Time
公休 週一（逢假日前日時可能營業）
費用 雞尾酒1500～2000日圓、愛爾蘭咖啡約1700日圓（因當天食材而異）。不需要餐桌費，但服務費和消費稅共加收10%
地址 港区東麻布2−10−2関口ビル1F
交通方式 東京Metro麻布十番站步行5分、東京Metro神谷町站步行10分
HP http://bar2102.com/

用五感感受得到食材美味的雞尾酒

其實不想告訴大家的酒吧，隱身在安靜的住宅區裡。使用新鮮水果和蔬菜、香料，而不是利口酒調製的混合式雞尾酒是此店的賣點所在。選好食材、告知喜愛的味道後，接下來就是夢幻般的時光了。調酒師植松先生以華麗的手勢，調出香氣馥郁的雞尾酒。原為咖啡師的植松先生做出的愛爾蘭咖啡美味無比，是熟客最後必點的一道。

過去曾是「司法書士事務所」的空間。沒有現在酒吧的招牌也不必在意了。

以使用
相機為宜！

請不要使用
閃光燈！

夜晚攝影講座．Ⅲ

巧妙拍好夜貓子的玩樂照片！！

動物篇

在夜晚的動物園和水族館裡，還是想拍拍屬於夜晚的特別風景。
室外的情況，數位相機要優於智慧型手機，
最好是具有望遠鏡頭或有望遠功能的相機。室內的話智慧型手機也OK。
（攝影協力：Aqua Park 品川、上野動物園、貓頭鷹咖啡廳Cafe HOOTHOOT）

室外的動物園

有亮光反射的水面就OK

夜晚的燈光反射在水面上，波光粼粼的氣氛很不錯。使用望遠功能時，要小心別讓多餘的東西入鏡。

動作緩慢的動物就OK

暗處容易手震，動作快的動物不好拍。記得尋找夜行性或動作較緩慢的動物。

拍剪影帥氣十足！

如果因光線照不到，動物的臉拍不清楚的話，就刻意拍剪影吧。外形容易辨識的動物是比較好的選擇。

室內的水族館、動物咖啡廳

拍水母時要近近近地拍

背景有色彩繽紛的燈光時，把背景打糊一起拍進去，就是這麼美！

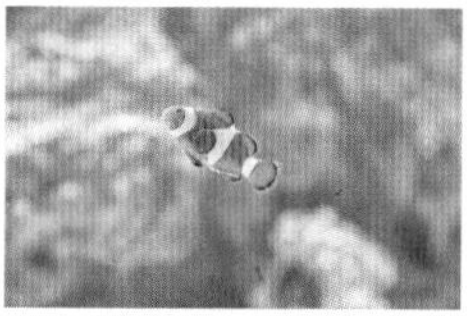

和夜景相同，玻璃也要貼近

要把鏡頭貼住水槽玻璃，來拍攝水槽中的魚。用連拍方式再選出最好的瞬間。

智慧型手機來拍攝時

○使用變焦（不拍到多餘的東西）
○要拿穩（防止手震）
○使用連拍（動物會動是當然的！）

要拍到動物的表情，就要抓到時機！

料理篇（P.21）、夜景篇（P.49）也別錯過哦！

⑥ 新宿、初台區域

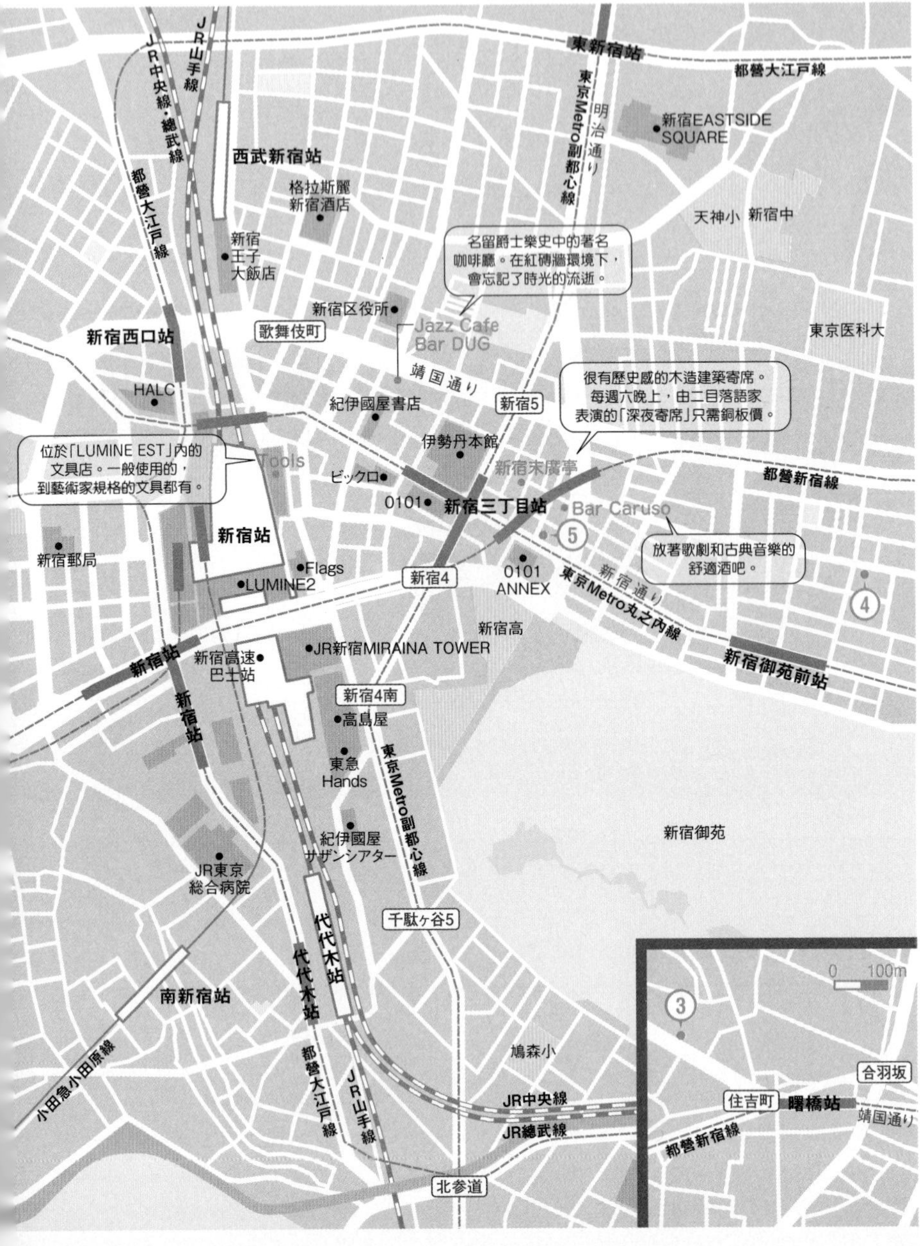

東新宿站
都營大江戸線
JR山手線
JR中央線・總武線
都營大江戸線
東京Metro副都心線
明治通り
新宿EASTSIDE SQUARE
西武新宿站
格拉斯麗新宿酒店
新宿王子大飯店
天神小
新宿中
名留爵士樂史中的著名咖啡廳。在紅磚牆環境下，會忘記了時光的流逝。
新宿区役所
歌舞伎町
Jazz Cafe Bar DUG
新宿西口站
東京医科大
靖国通り
HALC
紀伊國屋書店
新宿5
很有歷史感的木造建築寄席。每週六晚上，由二目落語家表演的「深夜寄席」只需銅板價。
伊勢丹本館
位於「LUMINE EST」內的文具店。一般使用的，到藝術家規格的文具都有。
Tools
ビックロ
新宿末廣亭
都營新宿線
0101
新宿三丁目站
Bar Caruso
5
新宿站
放著歌劇和古典音樂的舒適酒吧。
新宿郵局
Flags
LUMINE2
新宿4
0101 ANNEX
新宿通り
東京Metro丸之內線
4
新宿高
新宿站
新宿高速巴士站
JR新宿MIRAINA TOWER
新宿御苑前站
新宿4南
新宿站
高島屋
東急Hands
東京Metro副都心線
紀伊國屋サザンシアター
新宿御苑
JR東京総合病院
千駄ヶ谷5
代代木站
代代木站
0 100m
南新宿站
3
鳩森小
小田急小田原線
都營大江戸線
JR山手線
合羽坂
JR中央線
住吉町
曙橋站
靖国通り
JR總武線
都營新宿線
北参道

1

fuzkue

▶ P.72

2

東京歌劇城
藝術畫廊

▶ P.73

3

東京、新宿麵包教室
PS·PAPAIN

▶ P.74

4

Die Katze

▶ P.76

5

珈琲貴族Edinburgh

▶ P.78

東京希爾頓大飯店 Marble Lounge

▶ P.84

COLUMN「在憧憬的飯店度過美好時光」

B

C

A

A 吧台上一個人的座位都比較寬，可以不必介意隔壁的人。還有靠腳處，不易疲勞。**B** 「奶油酥餅」（450日圓）等餐點也充實。照片左側為「每個適當時間的琴湯尼」（950日圓～）**C** 沙發座實在太過舒適而大受歡迎。可以代為保管手機。

01 禁止聊天！深夜的舒適的書香咖啡廳

fuzkue

【フヅクエ】

Information

電郵 contact@fuzkue.com
時間 12:00~24:00
公休 不定休
費用 蔬菜為主的定食1000日圓、每個適當時間的咖啡700日圓～等
地址 渋谷区初台1−38−10二名ビル2F
交通方式 京王線初台站步行3分
HP http://fuzkue.com/

不管什麼時候來都保證有寧靜的讀書環境

在書香咖啡廳裡，別人說話的聲音和手機的通話聲總令人難以專心看書，但這裡不會發生這種情況。店主的心願就是「希望能有1個人可以安靜地，不需要在意時間地看書的地方」。不可以說話，但可以吃喝及飲酒。自稱「難以想像不可能出現長度的菜單」，有趣到看到不能自已的程度。一入口就不禁會想說出「好吃、好喝」的料理和酒類齊全。

店內也販售新書，買下來後就一定會附上店主的讀書感想文（長文！）。

A 2016年舉辦的攝影展「Ryan McGinley BODY LOUD！」的展場一景。@Ryan McGinley **B** 介紹戰後日本美術的收藏品展。**C** 2016年舉辦的個展「Simon Fujiwara的White Day」。@Simon Fujiwara **D** 相同樓層裡還有販售商品和展品目錄的「gallery5」

D以外的照片攝影均為：木奧惠三

02 週五六到晚上20時 觀賞現代藝術和攝影

東京歌劇城藝術畫廊

【東京オペラシティアートギャラリー】

Information

電話 03−5777−8600(NTT替代服務)
時間 11:00〜19:00、週五六〜20:00(入館至閉館的30分前)
公休 週一(逢假日則週二)、更換展品期間、過年期間、全館休館日(2月第2週日、8月第1週日)
費用 因展覽而異
地址 新宿区西新宿3−20−2東京歌劇城大樓3F
交通方式 京王新線初台站步行5分
HP https://www.operacity.jp/ag/

天花板外光射入 氛圍也隨之而變化

初台站直通的東京歌劇城內的畫廊，一般到晚上19時，週五六則開館到晚上20時。藝廊內的展示以現代美術為中心，並以獨特的企劃展來介紹流行時尚和建築、攝影等。此外，還收藏了抽象畫家難波田龍起等約3000件的「寺田收藏品」。走在迴廊式構成的展示室時，就有著散步般的氛圍。大樓內還有許多公共藝術品，不妨走走看看。

展示室分為2個樓層，天花板有外光射入的區域裡，晝夜的氛圍迴異。

 照片提供：東京歌劇城藝術畫廊

適合初學者的1day課程裡，
每個月做出2款當令麵包。

03 可以從晚上19時開始學習正統麵包製作的教室

東京、新宿麵包教室 PS・PAPAIN

【とうきょう・しんじゅくぱんきょうしつ・ピーエス・パパン】

在烤麵包的香氣中幸福絕頂。

1day課程裡，做出了像店裡賣的麵包2款！

合理的價格 學習正宗德國的麵包

可以向在德國學習做麵包的師傅，學習正統麵包製作的課程。專業麵包師和純興趣的人都有，學生來自於全日本。有德國麵包、法國麵包，初級到高級等眾多種類的課程，也有適合初學者的體驗和1day課程。選擇天然酵母課程的話，自製的酵母就會登場，初學者以酵母麵包最為適合。

最晚的時段於晚上19時開始，體驗課程到完成約3小時。由於會很認真地做筆記和拍照，一下子就過了。接受個人報名，上課時間也可以彈性改變，因此不必在意周圍的人，可以專注地做自己的麵包。聽說教室裡也會出現所有的人烤的麵包都不一樣的情況！

Information

電話 03－3353－8667（接受報名平日至18:00）
時間 最晚開班時間19時。課程報名洽官網或打電話。
公休 公休日在官網確認
費用 1day課程「酵母麵包」2500日圓等，雙人有折扣
地址 新宿区市谷台町5－1市谷MビルB1
交通方式 都營地下鐵曙橋站步行5分
HP http://www.ps-papain.com/

可以由多元的課程裡挑選烤出喜歡的麵包

C

A

B

A 開始揉製柔軟的麵團後，似乎連心都成為圓的。**B** 初學者由老師一邊示範一邊教學，由於沒有食譜，完全是靠自身實力。**C** 教室內設有義大利製的燒柴石窯，有活動時還可以用來烤披薩。

麵包烤好之前，美味的香氣充滿教室內，心情也會跟著柔和放鬆。或許可以當成第2天的早餐，當這樣想像時，1天的旅遊疲憊便消失無蹤。

燒烤點心「貓司康」和「貓名片」搭配成套，共有4種！

04 到晚上22時！撫摸著貓咪享用正統紅茶和葡萄酒

Die Katze

【ディー・カッツェ】

4隻家族的上班日
會在當天各自出現。
真想天天都能看到他們♪

可以遇到可愛的一家4口貓家族

這是一家可以和「貓店長」等一家4隻貓咪相處到很晚的咖啡廳。從大窗戶可以欣賞新宿夜景，播放著爵士樂的店內，貓咪們各自在自己喜歡的地方悠閒地度過。

推薦的menu是紅茶。這家是日本紅茶協會認證的紅茶店，提供的也都是可以喝很多的壺裝紅茶。紅茶的種類豐富，不知道要點什麼時，就選擇有貓咪標誌的看看；也有原創的調配紅茶。

烤成貓咪形狀的點心「貓司康」和蛋捲也十分可愛！然後，德國葡萄酒也是正宗的，薄酒萊上市時會進貨貓咪標的葡萄酒，緊緊抓住了愛貓人的心。

Information

電話	03－3352－5510
時間	11:30～22:00、週日假日～19:00
公休	不定休
費用	紅茶600日圓～、火腿高麗菜蛋捲900日圓等
地址	新宿区新宿1－19－8サンモール第7ビル2F
交通方式	東京Metro新宿御苑前站步行3分

貓咪形狀的點心和菜色抓住了愛貓人的心

A 貓形狀的司康「貓司康」搭配紅茶的套餐1000日圓。白司康的烤模做成店內貓咪形狀的原創品。耳朵也略有折彎！ B 蕾絲窗簾也加入了貓咪元素，挑動女性的心。C 代理店長凱瑟。別忘了摸摸牠膨鬆的毛！

店內可以拍攝貓咪，但是請不要使用閃光燈；店內也裝飾著客人拍攝的照片和貓咪商品。喜歡貓咪的愛貓人們，玩累了一天，晚上就去跟迷人的貓咪見面吧。

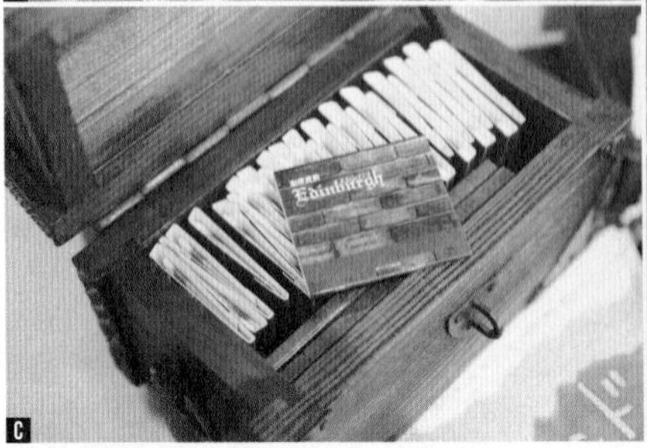

A 蛋糕套餐（1250日圓～），搭配6種蛋糕的咖啡種類豐富！綜合咖啡或黑咖啡都可以。**B** 賽風煮出來的咖啡，服務人員俐落的作業動作令人喜愛不已。**C** 隨意擺放著原創的火柴，讓人想起古老美好時代的咖啡廳。

05 24小時營業的咖啡廳 享受幸福的咖啡時光

珈琲貴族 Edinburgh

【こーひーきぞく　エジンバラ】

Information

電話 03−5379−2822
時間 24小時營業
公休 全年無休
費用 貴族綜合咖啡800日圓、土司1130日圓～、三明治1430日圓～等
地址 新宿区新宿3−2−4M&Eスクエアビル2F
交通方式 東京Metro線、都營地下鐵新宿三丁目站步行1分；JR新宿站步行5分
HP http://edinburgh.jp/

非常舒適，即使夜深了 還是會不自覺地待上很久

咖啡一如店名，極品。而且是一天24小時一年365天都喝得到。賽風式咖啡在面前煮出，連香氣都可以享用到。冰咖啡也喝得到人氣的荷蘭咖啡（冰滴咖啡）。擦得晶亮的店內有寬敞的130個座位，每個座位都有電源和wifi。熱門的蛋糕套組，可以用任何一種咖啡來搭配。服務人員都很隨和親切，隨時都感受得到親切的服務。

店內有推理小說的二手書書架，可以購買。另外還有雜誌、報紙，連影印機都有！

COLUMN 1

在憧憬的飯店度過美好時光

POINT

接待客人的心是一流的
讓身心處於真正的放鬆當中

POINT

無數的文化人、
政界人士都喜愛的歷史名店

在國際連鎖飯店裡享用的
奢華無限暢飲

東京希爾頓大飯店Marble Lounge
→P.84

位於東京大門的著名飯店
厚實氛圍的大人酒吧

東京站大飯店
Bar Oak →P.82

眾多文豪們熱愛的飯店
居家派的小小酒吧

山之上酒店 Bar Non Non
→P.80

名鎮一方的文豪喜愛的名店
1954年開業的歷史悠久飯店
裝飾藝術風格的高格調建築

山之上酒店
Bar Non Non

亮晶晶的吧台（9座），現在由4位調酒師輪流負責。

可以度過
如時光倒流般
寧靜的時間

營業時門是開著的，可以放鬆進入。

原創雞尾酒「THE HILLTOP」。伏特加基酒加入君度橙酒和檸檬等，有著清爽的味道。

地下的葡萄酒吧「葡萄酒倉Moncave」也值得品嘗。

有飯店LOGO的杯墊也棒極了！

Information

電話 03−3293−2311（代表）

時間 17:00～01:30（L.O.）、假日、連假最後一天為16:00～22:30（L.O.）

費用 原創雞尾酒（2種，各1188日圓）、純蛋捲1296日圓、牛菲力和火腿、起士的三明治2376日圓等※另收服務費10%

地址 千代田区神田駿河台1−1

交通方式 JR御茶水站步行5分、東京Metro神保町站步行6分

HP http://www.yamanoue-hotel.co.jp/restaurant/nonnon/

裝飾藝術風格必看的螺旋狀階梯，可以由大廳抬頭向上看。

支撐日本歷史至今 居家感覺的飯店酒吧

出現在御茶水小丘上的美麗裝飾藝術風格的建築，是日本的代表性文豪固定住宿的古典飯店。建築誕生在1937年12月，戰後由美國占領軍接收，1954年開始經營飯店，由於有這段歷史，位於1樓的小小英國式酒吧，就感受得到歷史和異國情趣。

繼承了創業者對於食物盡善盡美的遺志，因此可以享用到原創雞尾酒和飯店內的法國餐廳提供的正統菜色。

飯店的設計人，是建築師William Merrell Vories。謹慎使用至今的酒吧的骨董家具類，以及飯店的螺旋狀階梯和大廳，都是這座古老建築的必看重點。飯店是有著悠久歷史的老字號，滿滿的熱情接待，正是博得眾多文化人喜愛的原因了。

- 直通方便搭乘新幹線和在來線的轉運車站
- 超過100年歷史的紅磚建築氛圍好到極點
- 優質的威士忌種類齊全

東京站大飯店
Bar Oak

吧台座和倣行李箱的桌座共有16座，部分吧台座可以欣賞到窗外景觀！

開始飲用威士忌的最佳選擇！在酒吧裡縱情想像旅行的一切

原創雞尾酒「1915」（1300日圓），以日本酒為基酒，有紫花地丁和椰奶的華麗風味。

檸檬皮和萊姆皮象徵了和客人之間的連結！

Bar Oak限定的「波士頓龍蝦的三明治捲」（3200日圓），使用了2隻脆嫩龍蝦肉的奢華內容。

優質威士忌就在這家店內飲用吧！

照片是「GLENMORANGIE SIGNET HIGHLAND SINGLE MALT SCOTCH WHISKY」。

看著擁有百年歷史的站舍紅磚，感受著歷史的重量。

Information

電話 03－5220－1261
時間 17:00～24:00(L.O. 23:30)
費用 雞尾酒1250日圓～、威士忌1350日圓～等　※另收服務費
地址 千代田区丸の内1－9－1東京站大飯店2F
交通方式 直通JR東京站，東京Metro東京站步行3分
HP http://www.tokyostationhotel.jp/restaurants/oak/
地圖在P.9

直通東京站的著名飯店酒吧
剛玩回來或準備出遊都OK

2015年歡度創業一百周年，酒吧位在直通東京車站的飯店內。有悠久歷史的部分紅磚站舍直接外露的店內，不但有著木質的溫馨感受，也有著厚實沉穩感受的成人空間。行李箱造型的桌座也好，偷看放在抽屜裡的旅行相關書籍也好，酒吧裡有著直通車站飯店特色的滿滿遊興。

就像眾人讚譽的「第一次的威士忌要在這裡喝」般，酒吧裡優質的威士忌齊全。紀念飯店開業一百周年時，由顧客票選而出現的雞尾酒「1915」也務必品嘗一下。

只要是日本人就一定會有的小小「東京車站故事」，看著窗外的丸之內夜景，聽聽這些小故事也是十分愜意的事。飯店入口到東京站丸之內南口只有數步之遙！最後一班電車之前都可以好好放鬆自己。

看著富有國際色彩的大廳悠閒地享用

金黃色螺旋階梯綿延挑高而具開放感

東京希爾頓大飯店 Marble Lounge

吧台座也是這家飯店的特色，奢華而沉穩的氛圍。

共有208個不同型式的座位，可以視用途挑選。

晚餐自助餐的特製烤牛排肉，現點現切。（照片提供：東京希爾頓大飯店）

無限暢飲可以選擇葡萄酒、啤酒和軟性飲料等，非常划算。食物是使用大量酪梨的「普切塔」（1600日圓）。

清晨到深夜都可前往的頭等艙級大飯店

自助餐大受歡迎的飯店大廳。晚餐自助餐有烤牛排肉，也有多達15種的甜點，味美划算。咖啡和紅茶是無限暢飲的，因此可以用餐時悠閒地話家常。店內的內裝使用的是深褐色基調的時尚色調。位於飯店的1樓，卻有著高雅而休閒的氛圍。可以暢飲葡萄酒和啤酒等酒類的無限暢飲，是個低調的人氣項目。全座位都設有電源和wifi設備，可以作為多種的用途。

Information

電話 03−3344−5111(代表)

時間 6:30〜23:00(週五六〜24:00)、晚餐自助餐:18:00〜21:00

公休 無休

費用 晚餐自助餐(週一〜四為5000日圓／週五〜日、假日6000日圓)等　無限暢飲為60分2000日圓、90分3000日圓。※服務費另計

地址 新宿区西新宿6−6−2東京希爾頓大飯店1F

交通方式 直通東京Metro西新宿站、都廳前站；JR新宿站步行10分

HP http://www.hiltontokyo.jp/restaurants/marble_lounge

地圖在P.71

⑦ 神樂坂區域

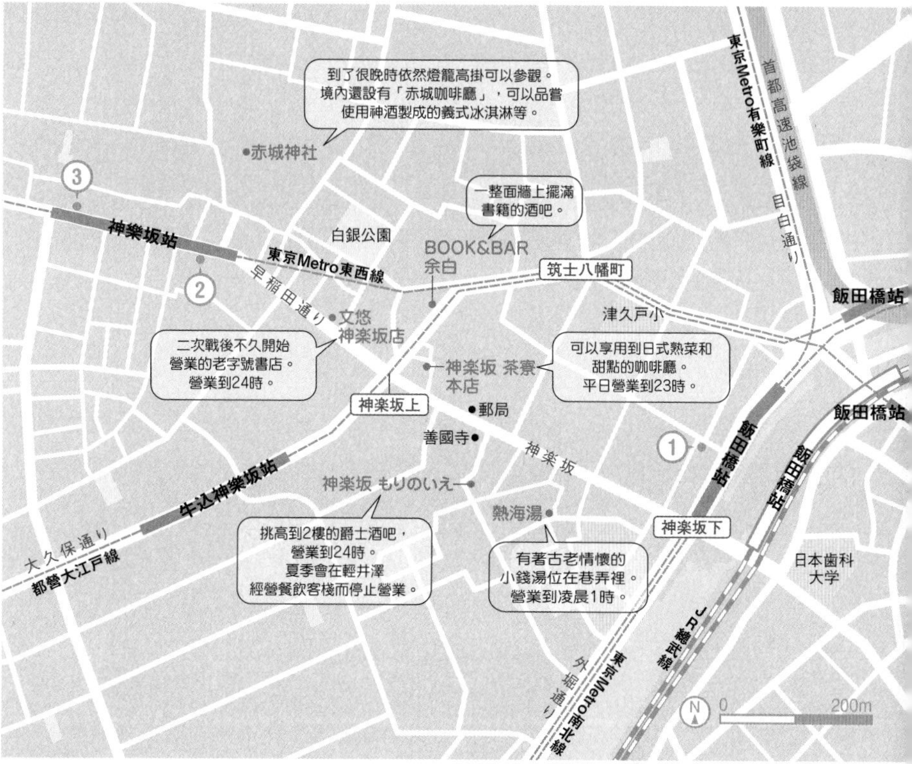

1

ギンレイホール

▶ P.86

2

沒有書本味道的書店
神樂坂物語

▶ P.88

3

海鷗書店

▶ P.90

「老電影的電影院」氛圍讓人喜愛的外觀和售票處。

01 晚上19時、20時多上映的最後一場電影有折扣！

ギンレイホール

最晚場的老電影
1000日圓就看得到♪

1974年開業的歷史悠久電影院

外觀和內裝都十分古老令人興奮。最後一場不但是晚上19、20時多才上演映，而且最後一部片更只要1000日圓。這個價格設定，是因為原本買一張票可以看二部電影的，但即使如此還是便宜。因為從不久之前還在一輪的電影，到超越年代的名片，到沒什麼機會上演的電影等沒有區域分別的「無國界電影」都可以欣賞到的緣故。精選的2部電影一場，也是在「重視組合的神髓」之下挑選出來的。

老電影的電影院，通常觀眾以男性居多，但現在的總經理在「讓女性也容易進來觀賞」的目的下，在選片時也加入了女性的角度；內部也在維持歷史感之下重新裝潢而煥然一

Information

電話 03−3269−3852
時間 視上映電影而異
公休 全年無休
費用 一般1500日圓等、夜間最後1部電影1000日圓。
地址 新宿区神楽坂2−19
交通方式 各線飯田橋站步行3分
HP http://www.ginreihall.com/

每月一次的整夜上演也值得觀賞

A 座位配置得巧，不容易被前面的擋住，找找自己喜歡的座位吧。B 入口處的上映表板是手寫的！現在已很罕見的專業人士做出來的。C 大廳看得到放映室令人興奮。D 洗手間位在古老紅磚牆的階梯下方到底處。

新。結果是女性顧客也增加起來，現在已經是受到各個年齡層的喜愛了。

館內可以帶飲食入場，一天的遊玩之後靜下來看場電影也不錯。這是一家充滿總經理「希望成為大家的電影院」思維的老電影院。

隨時會為愛書人舉辦談話會等各種活動。

02 看看有什麼新書，靜靜享用茶和宵夜

沒有書本味道的書店 神樂坂物語

【ほんのにおひのしないほんや　かぐらざかものがたり】

閱讀著喜歡的書本，
享用美味的餐點♪

可在這間咖啡廳找到只屬於這裡的書籍

車站出口的對面，就有一家像是美容院般時尚感十足的書店&咖啡廳。不過，店內不只是有新書；書架上的書，都是以「買了就會一直愛閱讀的書，而不是買了就好的書」為出發點選出來的書。的確，有許多也希望買回去擺著的書！

店內希望能有寬敞空間讓愛書人可以有更多和書本邂逅機會的想法下，附設了共40座的寬敞咖啡廳。在買書之前就可以帶書來用餐更令人欣喜。

咖啡廳的餐點也十分用心，像是注重香氣的「點滴式手沖」濾泡式咖啡和蛋糕，以及大塊牛肉炒後再和蔬菜燉煮而成的紅酒燉牛肉等，讓人不自覺地待上很久。

店內也販售精選的雜貨，冬

Information

電話 03-3266-0517

時間 12:00~21:00、週六日假日為11:00~20:00

公休 週一

費用 冷咖啡756日圓、蛋糕套餐(咖啡、紅茶、杯裝葡萄酒擇一搭配)1080日圓等

地址 新宿区神楽坂6-43　K'sPlace

交通方式 東京Metro神樂坂站步行1分、都營地下鐵牛込神樂坂站步行7分

HP http://www.honnonihohi.jp/

宵夜還可以選擇酒類！座位種類多元令人欣喜

C

A

B

A B 店內設有多種座位，像是可以一覽神樂坂風光的大窗邊座和露台座、沙發座等。看當天的氛圍來決定哪種座位吧。C 10種的料多菜飯搭配玉子燒、西金的佃煮牛蒡，附咖啡或紅茶、杯裝葡萄酒之一的套餐為1250日圓。

季時店內後方還會點上暖爐。
在這麼安靜而沉穩的空間裡，
一定能遇上意想不到的好書。

A 可以大致窺得現今時代的入口旁雜誌區。前方為季節性陳列架。B 採訪時，書架上擺的是員工母親們挑選的書籍區「WORKERS BOOKSHELF」。C 流瀉出溫暖光亮的外觀。D 也販售書籍相關的文具。找到了很有校稿公司感覺的原創鉛筆！店內後方設有藝廊。

03 在咖啡和藝術的陪伴下尋找新的書籍

海鷗書店

【かもめブックス】

Information

- 電話 03–5228–5490
- 時間 11:00～21:00
- 公休 週三(逢假日則營業)
- 費用 手沖濾泡式咖啡、水滴冰咖啡各500日圓等
- 地址 新宿区矢来町123第一矢来ビル1F
- 交通方式 東京Metro神樂坂站步行1分
- HP http://kamomebooks.jp/

附設咖啡廳和藝廊 新型態的新刊書店

登上神樂坂之後，大大的窗戶射進柔和的光線，讓人忍不住就走了進去。開設書店的，是專門進行書籍校對、校閱的公司，鷗來堂。由於「希望傳達給不看書的人」的心願，因而附設了咖啡廳和藝廊。專門介紹日語的書架、為各種不同工作的人推薦書籍的書架等，店內都是富有個性的書架，任何時候來都不會覺得無聊。尚未結帳的書籍不能帶進咖啡廳裡，需注意。

咖啡廳內使用京都的自家烘焙專門店「WEEKENDERS COFFEE」的豆子。拿鐵咖啡500日圓。

⑧ 池袋區域

1

BOOK AND
BED TOKYO

▶ P.92

2

JAZZ BAR
MONTGOMERY LAND

▶ P.94

3

柯尼卡美能達
天象儀館「滿天」

▶ P.96

4

豐島區立中央圖書館

▶ P.97

東京藝術劇場夜間管風琴演奏會（東京藝術劇場）▶ P.100

COLUMN「旅途中抽出一晚去欣賞的活動」

BOOK AND BED TOKYO

【ブック・アンド・ベッド・トウキョウ】

HAVE A
BOOK
NIGHT !
GETTING GENKI
IN JAPAN

今天就和這本書
一起道晚安囉～。

書架裡的床上
ZZZ…好幸福♪

實現在書店裡書本的圍繞下進入夢鄉

這是一家可以體驗「看著書不自覺地打起瞌睡來就直接睡下去…」這種幸福的青年旅館。館內包含小說和漫畫、繪本等多種領域約3000本書籍，放在大型書架裡，甚至由天花板吊掛下來繞上一圈。

客房有可以睡在書架裡（！）、如夢似幻的「BOOK SHELF」；為了想要自己一人更專注而做出隔間的「BUNK AREA」等，甚至還可以視自己的喜好，挑選「STANDARD」和「COMPACT」等不同面積的客房。

以黑與灰色為基本色調，十分乾淨的共同淋浴間可以24小時利用，也設有wifi提供免費使用。另提供出租毛巾和

隨心所欲地熬夜 看書到睡著的小旅行

Information

電子郵件 info@bookandbedtokyo.com
時間 Check in16:00~23:00、Check out11:00
公休 全年無休
費用 STANDARD一晚4860日圓~、COMPACT一晚3780日圓~；白天時間(13~17時)也可以使用，但不能用床也不可淋浴，每小時使用費為540日圓。
※請注意房費僅限信用卡支付，不可使用現金。
地址 豊島区西池袋1－17－7ルミエールビル7F
交通方式 各線池袋站步行5分
HP http://bookandbedtokyo.com/tokyo/

C

A

D

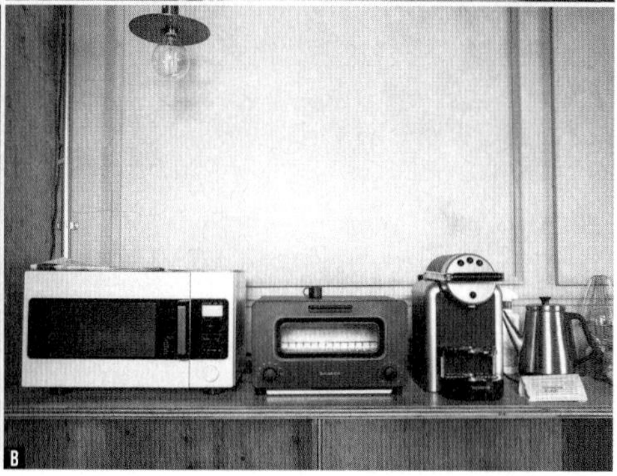

B

A 窗外俯瞰得到夜晚和清晨的池袋。@R-STORE 2015 **B** 可以使用休憩室的烤麵包機和咖啡機（1杯150日圓）。**C** 浴巾和備品組540日圓。備品組和提袋可以帶走。**D** 原創睡衣只在有8的日子時租借。

販售備品組，不必帶行李就可以投宿。除了床上之外，館內可以飲食，休憩室設有烤麵包機和咖啡機。買下自己喜歡的麵包，俯瞰著清晨的池袋吃早餐，也是在這裡醒過來的人才有的特權。

店名的來源，是音樂家韋斯蒙哥馬利。

02 品味像是現場演奏！般音樂的深夜唱片酒吧

JAZZ BAR MONTGOMERY LAND

【ジャズ・バー・モンゴメリー・ランド】

今夜想聽美好的樂音！
這個願望能夠實現

由「用好聲音來聽好貨色」的思維方式出發

「真是好音響的話，音樂居然可以差這麼多嗎？」在這裡可以感受到顫抖般的感動。爵士咖啡廳全盛時代正當青春年華的店主，以「希望客人都可以聽到夢幻般的吉他爵士樂手韋斯蒙哥馬利在眼前表演般的聲音」的出發點開始營業。以東京都內爵士酒吧裡也算數一數二頂級音響，播放店主珍藏的唱片等。現場演奏一個月也會舉行數次。

但是，這家店絕對不是非爵士愛好者就待不下去的地方。抱持「不需要自我吹噓」想法的店主姿態柔軟，會播放各種音源，讓客人能找到自己喜歡的爵士樂曲。

老闆娘親手調理的菜色，有著溫和的柔順口味。希望客人

Information

電話 03－6914－3499

時間 18:30～02:00、有現場演奏時為18:30～01:00

公休 週日、假日

費用 餐桌費1000日圓（現場演奏時為2000日圓～）、Löwenbräu啤酒670日圓、香腸拼盤950日圓等

地址 豊島区東池袋1－47－13第2岡村ビルB1

交通方式 各線池袋站步行7分

HP http://montgomery-land.net/

五感受到音樂的刺激！
用心調理的料理極美味！

A 店主收藏的音樂不只有爵士樂！B 老闆娘自製的煎小籠包850日圓（照片前者）、自製梅酒500日圓（照片左）、自家烘焙咖啡670日圓。C 在吧台座上喝著啤酒和葡萄酒、威士忌邊欣賞音樂，也是一大樂事。

以爵士咖啡廳看待，因此咖啡也堅持要自家烘焙，現場演奏時還會有特別菜色。對爵士樂有些興趣，但就是無法再向前一步的初學者，這是絕不可錯過的好地方。

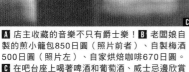

A **C** 想包覆在膨鬆的「雲朵」裡？還是要躺在「草地」上？特別座「雲朵座位」「草地座位」各可坐2人。也可以自己一人獨占寬敞座位！ **B** 光學式天象儀「Infinium Σ」創造出吸入般光景的星空。**D** 購買原創精油「滿天的香氣」（1580日圓），讓家裡也能全然放鬆。

03 大人專屬的特權 欣賞星空與香氛的共演

柯尼卡美能達天象儀館「滿天」

【コニカミノルタ　プラネリウム"満天"】

Information

電話 03−3989−3546

時間 11時開場後每小時上映，最晚一場晚上20時上映

公休 作品更換期間

費用 一般1500日圓、療癒天象儀1700日圓（療癒天象儀小學生以下禁止入場）等

地址 豊島区東池袋 3-1-3 陽光城World Import Mart頂樓

交通方式 東京Metro東池袋站步行10分

HP https://planetarium.konicaminolta.jp/manten/

在東京的正中央 躺著觀賞滿天的星斗

簡直像是繪本裡的情節！這是一座像是躺在雲朵和草坪上觀賞星空的天象儀館。頭頂上看到的，是使用最新的器材，將星星的顏色和閃動擬真播放出的美妙星空。除了一般的椅子座之外，還有「雲朵座位」「草地座位」等的特別座位。飄散著香草香氣的「療癒天象儀館」裡，更可以忘卻一天的疲累，全身都可以放鬆。就安排一個晚上來這裡吧，建議先上網預約。

商店裡可愛的星星商品（"滿天"原創雙星蠟燭1404日圓）。仕女日購物超過2千日圓時還會贈送小禮品。

照片提供：柯尼卡美能達天象儀館「滿天」

C

A

D

B

A C 2007年7月移轉而來。館內的4、5樓是挑高空間，十分寬敞。5樓呈ㄇ字型繞著挑高的地方。B 約有1200本藏書的「常磐莊專區」，可以看到已經絕版的漫畫。D 也會安排配合同棟大樓2、3樓的劇場「OWL SPOT」劇目的特集等，欣賞完之後可以來看看。

04 直通車站＆開放到晚上22時 方便性極高的圖書館

豐島區立中央圖書館

【とりまくりつちゅうおうとしょかん】

Information

電話 03－3983－7861

時間 10:00～22:00、週六日假日～18:00

公休 第2週一、第4週五、過年期間、特別整理期間

費用 登記使用卡後可以外借書籍，免費

地址 豐島区東池袋4－5－2ライズアリーナビル4・5F

交通方式 直通東京Metro東池袋站、JR池袋站步行8分

HP https://www.library.toshima.tokyo.jp

位於東京都心極為方便！公立的大型圖書館

在圖書館裡能看到絕版書籍和大型書籍固然令人高興，但大部分都在傍晚閉館……，也因此這家圖書館非常方便利用。而且，有很多漫畫書呢！這是因為豐島區是漫畫大師手塚治蟲和藤子不二雄等人住過的公寓「常磐莊」所在地的緣故，因此收藏了住過該莊的漫畫家作品，也收藏了同樣位於池袋的工作室村「池袋蒙帕納斯」的書籍。閉館前的音樂是《原子小金鋼》，有時間時務必來待到晚些，聽聽這段音樂吧！

使用卡片的登記，事前請在圖書館網站確認。

照片提供：豐島區立中央圖書館

COLUMN 2

旅途中抽出一晚
去欣賞的活動

POINT

優質娛樂活動
提升智慧和美感！

POINT

忘記旅程忘記日常
旅遊非日常的空間

看得到動物夜間模樣
夏季限定的
特別延長開園
盛夏的夜間動物園
（上野動物園）
→P.102

品嘗著
義大利美食
聆聽歌劇
歌劇沙龍
TONAKAI
（義大利餐廳
「San Michele」）
→P.99

附說明的
能·狂言的
美好夜晚
送給熟知日本的你
晚上7時開始的能·狂言
（國立能樂堂）
→P.104

用1000日圓享受
管風琴的音色
夜間管風琴
演奏會
（東京藝術劇場）
→P.100

近距離
聽著歌劇
享用義大利菜

歌劇沙龍TONAKAI

（義大利餐廳「San Michele」）

根據聲音效果設計的餐廳。義大利風格的壁畫讓氛圍更上層樓。

對壽星和結婚紀念日的客人，會獻上祝賀的歌曲！

可以邊用餐邊欣賞。可以自選全餐菜色的座位和單附飲料的座位。
（照片提供：San Michele）

歌者的距離伸手可及！聲音的力道令人感動。

餐飲、會話都OK近距離欣賞歌劇

這裡不是劇場，而是可以在餐廳用餐的同時接觸歌劇的特別演唱會型式的公演。享用著美味的全餐菜色，欣賞歌劇最精采的選曲，並附解說，連初次欣賞的人都可以放心，歌者和演奏家由年輕到經驗豐富者都有。在歌劇院裡只能遠觀的歌者，卻可能就在你身旁走動著演唱！會場內響亮的現場歌聲令人感動。

Information

電話 03－3851－0810（事務局TONAKAI）受理時間：平日10～17:00
時間 平日18:30開演　※舉辦資訊參考下述網頁
費用 晚餐（全餐）&1杯飲料8800日圓、1杯飲料5600日圓
地址 港区浜松町1－17－10汐留健診診所5F（義大利餐廳「San Michele」）
交通方式 都營地下鐵大門站步行2分、JR和東京單軌電車濱松町站步行3分
HP http://www.opera.co.jp/

- 世界僅此一座的管風琴音色
- 門票只要1000日圓！
- 不必穿著正式服裝

東京藝術劇場夜間管風琴演奏會
（東京藝術劇場）

聽說不同的座位聽的方法就有差異！找找你喜歡的座位吧。

就算遊玩回來也趕得上！晚上7時半～60分鐘的演奏會

夜晚打光也極美的建築，偌大的挑高空間盡是藝術氛圍。

其實是木造的現代形式時尚風琴，燈光依每場演奏都不同。

文藝復興、巴洛克風琴則是木雕極美的古典設計。

Information

電話 0570-010-296(東京藝術劇場售票處)
售票時間10:00～19:00
時間 開演19:30。由於節目不定期舉辦，公演時間請參考下述網站
費用 1000日圓
地址 豊島区西池袋1-8-1
交通方式 各線池袋站步行2分
HP http://www.geigeki.jp/
地圖在P.91

採訪時是風琴小林英之、小號山本英助這對黃金搭擋。（照片提供：東京藝術劇場）

重現巴哈時代的音程
風琴的神聖音色

區區1000日圓，就可以聽到也是音樂廳象徵的世界最大規模管風琴的音色。由於「希望大家能熟悉神聖而雄渾的音色」的願望，演奏時間為60分鐘。雖然是古典音樂，但不必換穿正式服裝，因此第一次來的人也可以休閒裝扮進場。

風琴是背對背地打造出古典／時尚設計的2種形態，再以世界罕見的迴轉形態交替使用。古典的那一面是文藝復興樣式和巴洛克樣式的2座風琴，時尚的那一面則是以法國古典期為中心再加進浪漫派因素的風琴，可以配合樂曲的時代和背景來表現。像是身心都包覆在樂音中的感覺，一下子就被帶進了非日常的世界裡。午餐時間時，還有500日圓一場的風琴表演。

盛夏的夜間動物園
（上野動物園）

- 親眼看到動物不為人知的夜間模樣
- 在豐饒的自然裡趁著涼意散散步
- 不忍池露台上的啤酒屋也營業了

夜晚在室內展示的大貓熊。睡姿可愛極了～。

晚上既涼爽
又可以在不擔心
曬黑皮膚之下
觀察動物生態

火鶴是推薦拍攝地點。夜間燈光反射在水面上，波光粼粼的池水非常漂亮。

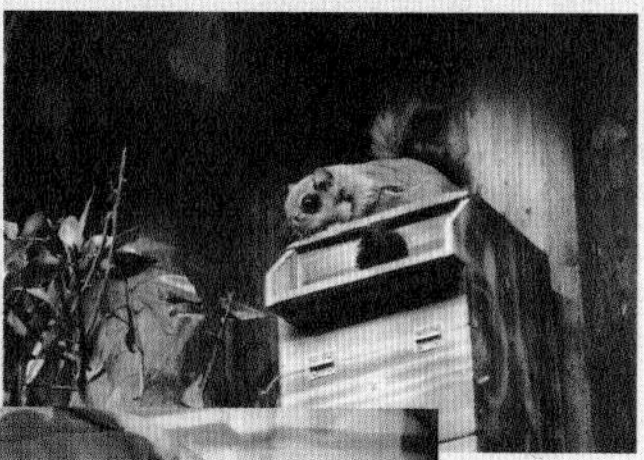

夜行性動物也是觀賞重點之一。也有可愛的鼯鼠和山貓。

海獅也和樂融融睡大覺♪

「不會動的鳥」鯨頭鸛。要在晚上找到牠也要花費一番心思……。

啤酒屋也會上演室外電影，夜風徐徐十分舒適。

Information

電話 03－3828－5171

時間 9:30～20:00（入園至閉園的1小時前） ※通常在17:00閉園，「盛夏的夜間動物園」為每年8月舉辦。詳情參考下面網頁。

公休 週一（週一逢假日時為翌週二休）、過年期間

※「盛夏的夜間動物園」期間中無休

費用 一般600日圓等

地址 台東区上野公園9－83

交通方式 JR上野站步行5分、東京Metro根津站步行5分

HP http://www.tokyo-zoo.net/zoo/ueno/

地圖在P.105

看著睡翻的動物們 疲倦也一掃而空

日本最早開園，歷史悠久的上野動物園，每年8月都會將開園時間比平常延長3小時。由於是可以觀察動物夜間行動的活動，不只是家庭，也很受到上班族的喜愛。可以從夕陽西下稍微涼爽的傍晚到夜間散步的動物園，和白天完全不同的印象而有著興奮的冒險氛圍。

園內寬廣，各種動物的展示時間也不盡相同，建議先看好地圖後決定路線。站在波光粼粼水面中的紅鶴、飽餐後休息中的企鵝、夜行性的鬃狼都十分值得觀賞。爬蟲類館的氣氛則有點不太一樣。在啤酒屋悠閒地觀賞荷花池，也是乘涼好方法。

飼育人員的談話秀和餵食等的活動，以及現場演奏等天天都有不同節目，可以多加注意。

※照片攝於2016年活動期間。

- 可以在玩回來後的晚上19時觀賞
- 演目設定新手老手都適合
- 輕鬆觀賞日本著名的無形文化遺產

送給熟知日本的你 晚上7時開始的能・狂言
（國立能樂堂）

上演前會有對談和解說，這也是人氣的秘密。（攝影：青木信二）

各座位都看得到現代文翻譯的字幕（有英語字幕），初學者十分受用。

夜間的建築和前庭，和白天有著完全不同的風情。

觀世流的山階彌右衛門和觀世芳伸表演的「通小町」（取自2016年8月的舞台）。（攝影：青木信二）

豪華絢爛的服裝 光是觀看陶醉其中都◎

提供夜間的公演，讓大家都能輕鬆欣賞到日本的代表性藝術能樂。表演是連初學者都能樂在其中的能．狂言選目，而且是以一個演目為單位表演。為了幫助理解，上演前會先有對談和解說。這間劇場的屋頂，是以金屬表現出柿葺這種傳統手法的特殊建築。在這種高規格的劇場裡，欣賞代代相傳至今的日本傳統文化，推薦給精通日語的你。另有每月1次，週五18時30分起的定期公演。

Information

電話 03−3423−1331
時間 晚上19時開演　2017年為8月3日和11月30日舉辦，其他需參考官網。
費用 正面座5100日圓等
地址 渋谷区千駄ヶ谷4−18−1
交通方式 JR千駄谷站步行5分、都營地下鐵國立競技場站步行5分
HP http://www.ntj.jac.go.jp/nou

照片提供：國立能樂堂

⑨ 上野、根津區域

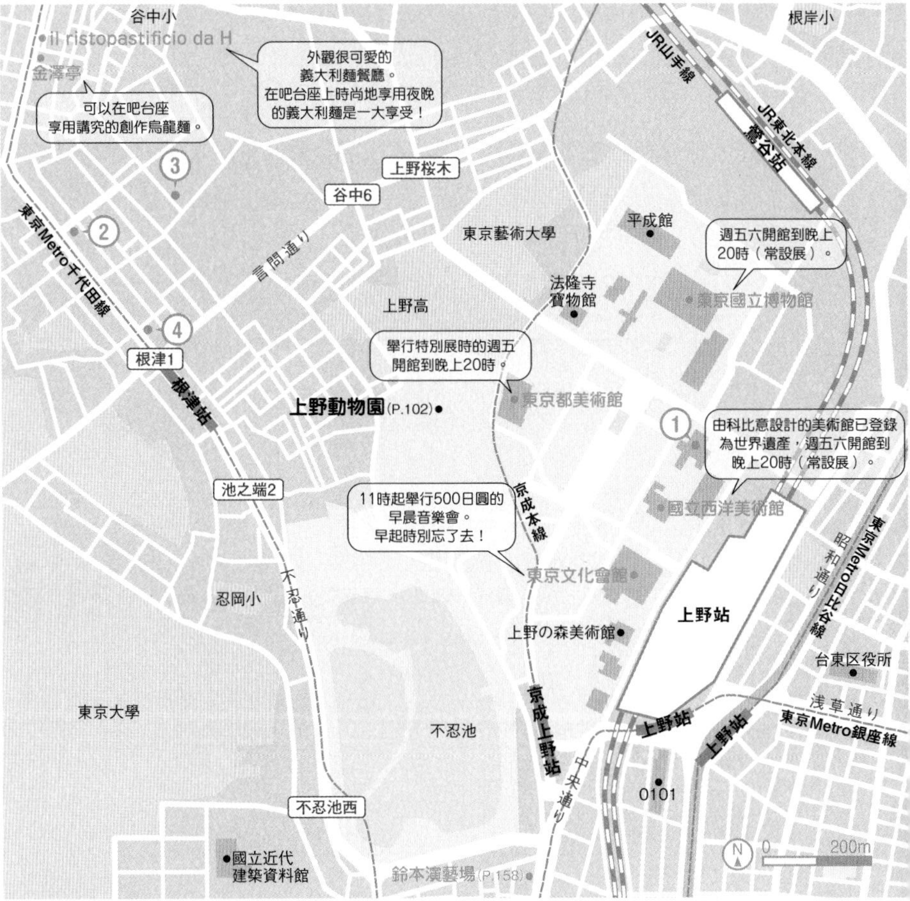

1
國立科學博物館
▶ P.106

2
酒壺しずく
▶ P.109

3
COUZT CAFE + SHOP
▶ P.110

4
コロコロ堂
▶ P.112

早朝寄席（鈴本演藝場） ▶ P.158
「偶爾早起一下的推薦景點」

盛夏的夜間動物園（上野動物園） ▶ P.102
COLUMN「旅途中抽出一晚去欣賞的活動」

觀賞著江戶時代的地球儀和天球儀，想像一下從前的天空也不錯。

01 週五六開館到晚上20時 快樂地學習科學吧

國立科學博物館

【こくりつかがくはくぶつかん】

夜晚的博物館
總覺得令人興奮！

接觸到地球的雄偉 讓自己再度精神百倍

位於上野恩賜公園裡，日落後打上燈光，格外引人注目的厚實新文藝復興樣式建築。左手邊的大鯨魚、右手邊的蒸氣機車頭也引人目光。這裡是創立於1877年、歷史悠久的科學博物館，週五、六開館時間會延長至晚上20時。

比起週日參觀人潮較少的夜間，最適合好好地觀賞博物館。化石和剝製標本、科學技術資料等珍貴的收藏，分別在「日本館」和「地球館」中展出。當參觀到地球出現的過程和生物的進化、各種動植物等多元的展覽時，就能感受到遠古的生命氣息。找到自己喜歡的展示，再好好地重新學習，這段時間也格外有意思。

下午17時之後 滿足求知的好奇心

A 像是飛在空中般的「鈴木雙葉龍」展示是人氣的焦點。**B** 礦物展示簡直像是珠寶店一般令人陶醉。**C** 恐龍的全身複製骨骼氣勢驚人，小孩大人都興奮。

A

C

B

感受得到生活在這塊大地上動物堅強的展示

最值得參觀的，是地球館3樓的「奔馳大地的生命」（右照片）。展示在一起的熱帶草原哺乳類和大型野獸等動物剝製標本群，聲勢驚人。可以在距動物很近的距離觀察，因此一直會有諸如「這種動物睫毛好長喔」等的意外發現。另外還可從玻璃地板的區域，看到下方的動物。在稍暗的展示室裡慢慢看展時，心情也能夠沉靜下來。

地球館地下1樓「探尋恐龍之謎」（照片**C**）也不要錯過了，蹲下狀態（罕見！）的暴龍會在門口相迎。各種不同恐龍的骨骼標本，充滿了活生生的躍動感。

日本館中央大廳頂上的穹頂極為壯觀。

Information

電話 03－5777－8600（NTT替代服務）

時間 9:00 ～17:00、週五六～20:00（入館至閉館的30分前） ※特別展週六的延長時間每次不同。

公休 週一（逢假日則為翌週二）、過年期間

費用 一般620日圓（常設展示）等，特別展則各不相同。

地址 台東区上野公園7－20

交通方式 JR上野站步行5分、東京Metro上野站步行10分

HP http://www.kahaku.go.jp

還有還有！

晚上的特惠POINT

太陽西下後會打上燈光 日本館不要錯過了

厚實的新文藝復興樣式的日本館，傍晚起會開始打燈。現在的入口並不是正面玄關，觀賞完後不要忘了繞到正面觀賞建築之美。據說從上方俯瞰，建築物會呈現出飛機的模樣。

在博物館裡和剝製標本的
動物面對面時，
心裡就會沉靜下來。

A 精挑細選的日本酒請冰冷地喝，部分酒品可加熱。**B** 可以視當天的心情來選自己最喜歡的酒器飲用。**C** 播放爵士樂和歌劇聲樂的店內，到處都有繪畫和雕刻等藝術品。掛在後方的，是畫家安迪渥荷的作品。**D** 奇跡的和諧「煙燻醃蘿蔔&奶油起司」（400日圓、照片右）、將鮭魚鮮味濃縮起來的「酒淋鮭魚乾」（450日圓）等精選的下酒菜俱全。

02 白天是藝廊　只在晚上
化身為可以喝日本酒的沙龍

酒壺しずく

【しゅこしずく】

Information

電話	090−3347−9472
時間	19:00～23:00(L.O.22:30)
公休	週日、一、假日
費用	日本酒500日圓～、食物400日圓～等
地址	文京区根津2−29−4 LIBRE藝廊內
交通方式	東京Metro根津站步行4分

手持頂極的日本酒欣賞藝術

位於根津神社附近，能夠在藝術品圍繞下，享用日本酒和酒菜的幸福酒吧。白天是LIBRE藝廊的藝術品展示空間，在晚上一變為可以飲酒的特別空間。約20種的酒和菜肴，都是酒吧主人自己尋找精選而來。其他店內沒有的好東西每天更換提供，酒器也是作家的作品等收藏品等級。和時髦而沉穩的店主人對話，也是樂趣之一！

時尚外觀位於古老建築林立的藍染大通上，大窗外隱約可見藝術品。

商店裡看了就想帶回家的可愛包裝。

03 在隱身於巷弄裡的咖啡廳放鬆身心的飲茶時間

COUZT CAFE + SHOP

【コーツトカフェ・プラス・ショップ】

走在巷弄裡時，突然暖暖的光由大窗中射出

專屬夜晚的樂趣 品嘗「黑板推薦菜色」

由「谷根千」的大道迷路進入了小巷裡，突然發現到大窗中透出溫和光線的咖啡廳。裡面擺放著骨董家具，有著書籍和唱片、雜貨……，簡直像是故事中的情節一般。

以「不過份節省手工」概念下，販售由食材開始都堅持自製的菜色，以及有溫馨感受的雜貨。店內設有桌座、沙發、吧台等多種座位。咖啡廳裡既可以用餐喝茶，在商店裡購買自己喜歡的雜貨和食品也很棒。店內提供電源和ｗｉｆｉ的使用服務。

菜色白天晚上都一樣，但另有夜晚限定的「黑板推薦菜色」。食材選用堅持時令和栽培方法，隨時會推出季節限定的菜色。夜晚同時有提供划算

Information

電話 03−5815−4660
時間 11:30〜23:00
公休 週四
費用 八寶茶680日圓、原創綜合咖啡550日圓、歐姆蛋550日圓等，另有酒類和烤點心等。部分飲料提供外帶。
地址 台東区谷中2−1−11
交通方式 東京Metro根津站步行6分
HP http://www.couzt.com/

到晚上23時還可以在商店購買雜貨和食品

A 香草茶「滿月望」（650日圓），加入熱水的剎那變成藍色！像魔術一樣。香氣也很溫和。B 夜間菜色「有機全麥藍紋起司義大利麵」（1200日圓）；使用當令的蔬菜，加入核桃點綴。照片為加入青花菜和紅蕪菁。C 店內隨時會舉辦活動，採訪時正舉行作家的編織服展示。

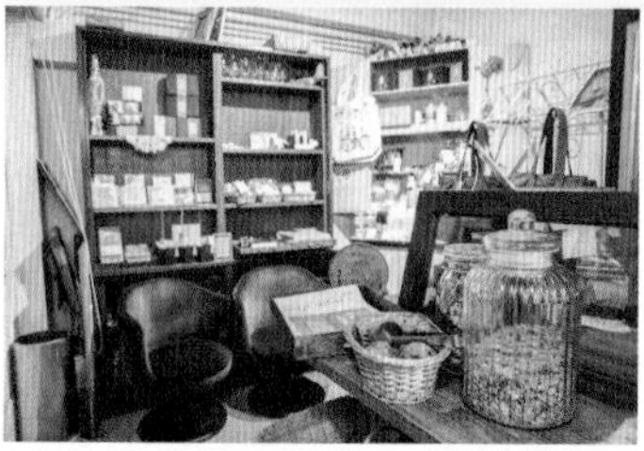

的酒類套餐。每道菜色不只是美味，而且都是有益身體的。

可以只單獨逛商店。咖啡和司康提供外帶，還有禮物包裝的服務。把這份溫柔的心情帶回飯店令人快樂。

A 「Geister」的規則像西洋棋，幽靈棋子很可愛。軟性飲料用這種可愛的瓶子裝，就希望客人能玩得順利。**B** 部分遊戲可以購買。**C** 在法國很受歡迎的「妙語說書人Dixit」是一種新型態的猜謎遊戲。富藝術氣息的圖樣也值得一賞。

04 來自世界各國的桌遊 盡情玩到24時

コロコロ堂

Information

電話 080−7000−8651
時間 12:00〜24:00
公休 週一(逢假日則營業)
費用 1小時400日圓〜，也有3小時1000日圓的套裝優惠。採用1人1飲料制，軟性飲料300日圓〜，也有齊全的世界各國啤酒。還有熱三明治。
地址 文京区根津2−19−4根津逢初二号館2F
交通方式 東京Metro根津站步行1分
HP http://korokorodou.com/

要不要試試玩類比的桌上遊戲到半夜？

可以玩世界各國桌上遊戲到深夜的咖啡廳。一開始玩遊戲，就會忘記了時間，專注投入只想獲勝。本身是桌遊迷的店長精挑細選出約230種遊戲，設計和規則全都極盡完美之能事。店員會仔細告知規則，不必擔心。或許也適合東京旅遊的夜晚。每週四會舉辦客人之間可以對戰的「夜コロ」活動，1個人也能夠參加（需預約）。

可以在沙發座放鬆玩。能攜帶食物入內，就像是被邀請到朋友家一般。

⑩ 淺草區域

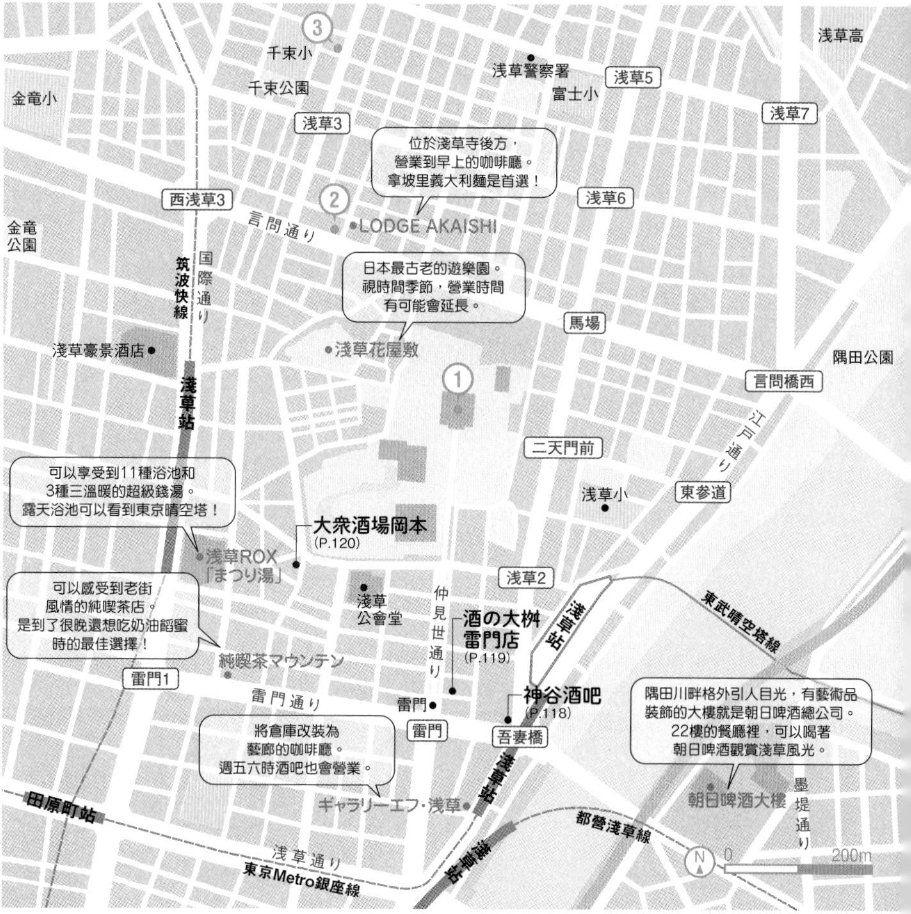

1

淺草寺

▶ P.114

2

御飯糰淺草宿六

▶ P.115

3

FOOD MARKET DAIMASU

▶ P.116

神谷酒吧 ▶ P.118

酒の大桝 雷門店 ▶ P.119

大眾酒場岡本 ▶ P.120

COLUMN「去老街情懷濃烈的酒店來上一杯」

A 打上燈光的本堂和五重塔彩繪了淺草的夜空。看得到和白天大不相同的面貌。**B** 寶藏門打光後也散發夢幻氣氛。此地看得到東京晴空塔，品味到新舊地標共存的奢華風貌。**C** 本堂右方出現了東京晴空塔。**D** 淺草寺的代表就是雷門！可以這麼地熠熠生輝。

01 夜間打上燈光之後 和東京晴空塔一起夢幻

淺草寺

【せんそうじ】

Information

電話 03–3842–0181

時間 本堂開放夏季(4～9月)6:00～17:00、冬季(10～3月)為6:30～17:00

公休 全年無休

地址 台東区浅草2–3–1

交通方式 各線淺草站步行5分

HP http://www.senso-ji.jp/

一個人獨占靜謐的淺草寺夜晚

628年創建的淺草寺，是長久以來為民眾熟知的「淺草的觀音菩薩」佛寺。來訪的外國人也多，天天都熱鬧非凡。這淺草寺在太陽下山後，有大燈籠的雷門，和寶藏門、五重塔、本堂都會打上燈光。和白天有著很大的不同，遊客也少了下來，可以悠然度過。本堂在下午17時關閉因此無法參觀，但和東京晴空塔一起出現的夜景風光，卻是夜晚才有的特權。由於淺草高樓很少，可以拍出很美的寺塔合照。

照片提供：淺草寺

A 就像老闆娘說的「人各有喜好，所以多吃幾種看看吧」，也有夜間限定的食材。B 先用模子套型後細心而快速地做好。C 食材都切大塊才能感受到食材美味。櫃台上的一排食材不知道該吃哪個。D 點了好幾樣時也是一個一個捏製，保證能夠每個都吃到剛做好的。

02 末班電車開走之後 還能吃到手做的御飯糰

御飯糰 淺草宿六

【おにぎりあさくさやどろく】

Information

電話 03–3874–1615
時間 11:30～17:00、18:00～02:00
公休 週日白天、週三晚間
費用 御飯糰有「辣椒葉」「商陸」等270日圓～。另有味噌湯、御新香
地址 台東区浅草3–9–10
交通方式 各線淺草站步行10分
HP http://onigiriyadoroku.com/

深夜時分大啖 手工御飯糰的幸福

東京最古老（1954年創業）的御飯糰店，就位於淺草寺後方，店內的裝潢高雅，就像是高級壽司店一般。點餐後現做的御飯糰，鬆軟米飯和酥脆海苔的香氣令人食指大動。新潟的越光米、江戶前的海苔、日本各地買來的食材、伊勢的黃蘿蔔、赤出的味噌湯，全都和飯糰極為對味。充滿了老闆娘「吃御飯糰和味噌湯而幸福」的飯糰愛。

照片上方為滑菇湯（340日圓）。「生薑味噌漬」（照片下方）口感極佳。

A 東京蔬菜的農家逐漸年輕化。蔬菜現採最美味，因此都進貨距離近的東京蔬菜。**B** 不使用人工甘味劑和人工色素的「現採奢華草莓果醬」來自靜岡縣的伊豆。**C** 北海道中札內村生產的「想いやり生乳」（180ml/525日圓），是全日本唯一未經加熱消毒還能喝的珍貴牛奶。**D** 復古包裝很可愛的秋田「サンドリヨン」麵包。

03 晚上24時之前都可以買到安心安全的食品

FOOD MARKET DAIMASU

【フードマーケット　ダイマス】

Information

電話 03－3871－3611

時間 9:00～24:00

公休 不定休

地址 台東区浅草4-23-8

交通方式 東京Metro、都營地下鐵淺草站步行14分；筑波快線淺草站步行6分

HP

http://www.e-daimasu.com/market/

來自日本全國對身體有益的食材

早上9時開店到晚上24時，是當地人們的堅強支持者。乍看之下是到處都有的超市，但商品水準之高卻令人驚訝。除了產地直送的蔬菜之外，還擺滿了在地方尋獲、洽談來的安心又安全的美味食品。熟菜也是使用店內食材做成的，不一次製作大量，而是少量多次地追加調理，因此即使很晚來，一樣是現做的。能在這家店內找出別家買不到的東西，成就購物的樂趣。

1930年創業。店長天天都在思考，有什麼做法可以讓顧客更加滿意。

COLUMN 3

去老街情懷濃烈的酒店來上一杯

POINT

即使白天開始也可以
堂而皇之地喝酒！

POINT

老街特有的
人情和划算感是賣點！

有著昭和風貌的店內，
點用就喝得到著名的Hoppy

大眾酒場岡本　→P.120

可以輕鬆享用
名酒的立飲形態

酒の大桝 雷門店　→P.119

在老街的代表性酒吧裡
享用歷史悠久的電氣布朗

神谷酒吧　→P.118

1880年創業
老街的代表性酒吧

神谷酒吧

【かみやばー】

醬油底的和風「豬肋排」（1450日圓）；照片後方是分量十足的「煙燻牛肉蔬菜沙拉」（750日圓）。

看著放置食品模型的陳列櫃，一下子就返老還童了。

店外的販賣部可以買到電氣布朗和葡萄酒作為伴手禮。

著名的電氣布朗，也有加汽水稀釋的版本。

時光倒流到明治時期的"平民社交場"

現在還能夠品嘗到文明開化後不久開發出來的雞尾酒「電氣布朗」。1樓的桌座是併桌制的，能夠和不認識的人聊得開懷，也是老街特有的風情。招牌雞尾酒「電氣布朗」是以白蘭地為基酒，加入葡萄酒、庫拉索酒、藥草等不外傳的秘方調製而成。有著喝了會麻的烈和甘甜，帶獨特香氣，古早味的洋食種類多元。2樓設有也提供午餐菜色的餐廳；1樓則設有提供外帶的販賣部。

Information

電話 03−3841−5400
時間 11:30〜22:00(L.O.21:30)
公休 週二
費用 電氣布朗270日圓、朝日生啤酒(大杯)1050日圓等
地址 台東区浅草1−1−1
交通方式 東京Metro、都營地下鐵淺草站步行2分、筑波快線淺草站步行10分
HP
http://www.kamiya-bar.com/

就在雷門附近的酒店&酒吧的進化型立飲店

酒の大桝 雷門店

【さけのだいます　かみなりもんてん】

常備有超過100種的日本酒。也備有精釀啤酒和葡萄酒。

每個季節都會有特賣會。也有淺草寺祭神用的酒。

座位是吧台座和桌座。雖然是立飲但可以放鬆飲用。

前起分別為人氣「奶油起司的味噌漬」和「蝦蛄和青辣椒的冷豆腐」（各380日圓）。低廉和美味令人驚訝。

酒店和酒吧，有二個不同面貌的日本酒專門店

就在雷門旁的好地點，有一家可以將買的酒和菜帶進酒吧裡飲食，或相反地可以將酒吧裡喜歡的酒品買回家的立飲型酒店。也因為是酒店，才能夠提供日本酒的氣泡酒，以及多樣飲用的套組。酒吧的菜色裡，有著重視時令的珍味和下酒菜，這一來酒興也停不下來了。在女性1人都可以輕鬆入內的乾淨店內，也是找找淺草伴手禮的好地方。

Information

電話　03−5806−3811

時間　16:00～23:30、週六日假日為12:00～

公休　週二(逢假日則翌週三休)

費用　酒吧菜色為日本酒90mℓ200日圓～、日本酒3種套組1100日圓～等。販賣部購買帶進酒吧的費用為1瓶300日圓～。

地址　台東区浅草1−2−8

交通方式　東京Metro、都營地下鐵淺草站步行1分、筑波快線淺草站步行6分

HP　http://www.e-daimasu.com/sakebar/

創業50年！完全帶有傳統味道的酒和下酒菜

大眾酒場岡本

【たいしゅうさかばおかもと】

很有淺草感覺的古老氛圍居酒屋，心情真舒適。

店內也有座墊座，寬敞宜人。

Hoppy加4道料理（計2120日圓！），這一來就飽了♪

「Hoppy大道」上還有本店，氛圍一樣很棒。

到了"Hoppy大道"，當然要點Hoppy來喝囉！

以暱稱「Hoppy大道」聞名的淺草小路上，有家讓人感受到昭和時代古老美好氣息的大眾居酒屋。花費6小時做出來的「元祖燉牛筋牛雜」完全沒有臭味，湯汁也清爽到可以一飲而盡的程度，不喜歡牛雜的人也一定沒有問題。以改裝前本館的意象打造的古老氛圍別館店內，坐在啤酒箱上也是樂趣之一。熱鬧非凡的店內，夾雜著老客人，大家熱鬧歡樂下去直到夜深時分。

Information

電話 03−3841−7587
時間 別館11:00～23:00、週四為17:00～　本店9:00～23:00
公休 不定休
費用 Hoppy(白、黑)各500日圓、味噌紫蘇捲250日圓、馬鈴薯沙拉420日圓、麻辣牛雜850日圓、元祖燉牛筋牛雜600日圓等
地址 台東区浅草2−5−14
交通方式 東京Metro、都營地下鐵、筑波快線淺草站步行5分
HP http://www.hoppy-st.com/okamoto/

⑪ 學藝大學區域

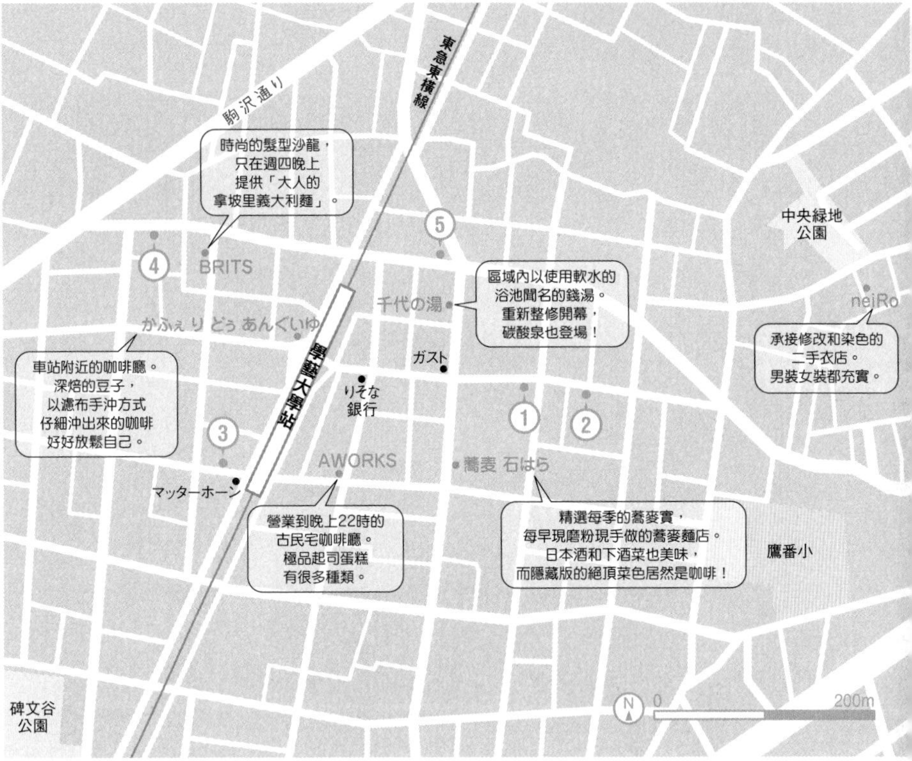

東急東横線
駒沢通り
時尚的髮型沙龍，
只在週四晚上
提供「大人的
拿坡里義大利麵」。
5
4
BRITS
區域內以使用軟水的
浴池聞名的錢湯。
重新整修開幕，
碳酸泉也登場！
千代の湯
中央緑地
公園
neiRo
承接修改和染色的
二手衣店。
男裝女裝都充實。
かふぇ りどぅ あんくぃゆ
學藝大學站
車站附近的咖啡廳。
深焙的豆子，
以濾布手沖方式
仔細沖出來的咖啡
好好放鬆自己。
ガスト
りそな
銀行
1
2
3
AWORKS
蕎麦 石はら
マッターホーン
營業到晚上22時的
古民宅咖啡廳。
極品起司蛋糕
有很多種類。
精選每季的蕎麥實，
每早現磨粉現手做的蕎麥麵店。
日本酒和下酒菜也美味，
而隱藏版的絕頂菜色居然是咖啡！
鷹番小
碑文谷
公園
N
0
200m

1

mistico disco

▶ P.122

2

m

▶ P.124

3

流浪堂

▶ P.125

4

FOOD & COMPANY

▶ P.126

学大角打

5

立呑地酒蕎麦 学大角打

▶ P.128

圍巾和包包等的小物類也是二手的單一商品。

01 在末班電車之前購買可愛的二手衣

mistico disco

【ミスティコ・ディスコ】

讓工作疲累的身心
得以放鬆的二手衣們～

都是勾動少女心的時尚服飾

據說老闆在高中時就迷上了二手衣，「假日時不知道該穿哪件的心情真是快樂，我便收集了會有這種感覺的衣服」。2016年是營業第7年的這家店，走上窄窄階梯上去打開門的瞬間，就像是潛入電影女主角的衣櫥內一般，興奮莫名！

商品以女裝和部分童裝為主，也有包包和鞋子、飾品等。超越時代和國界的洋裝，不論布料或鈕扣，現在看都還是新鮮感十足。據說是以歐美為中心，由世界各國挑選了「心動」的衣服。商品是直接向信任的採購買進，幾乎天天都有新貨進店。

每件衣服都會確實檢查髒污和縫線等，再加以洗滌和修

Information

電話 03－3719－1315
時間 15:00～23:30
公休 週四
地址 目黒区鷹番2－16－23M&K鷹番2F
交通方式 東急東橫線學藝大學站步行3分
HP https://www.instagram.com/mistico_disco/

在Instagram上po出新貨情報以及造型的訣竅！

C

A

B

A 飾品類是美國的二手商品和手工製品。**B** 確認衣服是否損壞的老闆。因此雖然是二手衣但都很漂亮。**C** 看得到橫樑的天花板，就像是進入閣樓般的感覺。最近陳列許多老闆感興趣的刺繡品。

補，因此雖說是二手衣，但每件衣服的狀態都很好。粉紅色牆壁的試衣間（照片**1**）裡，會有女星般的感受。開始營業時階梯下方會放模特兒（照片**2**），看到就到了。

2

1

A 因為店長喜歡墨鏡，備貨非常多元。**B** 店內前面是男裝區，後方則是女裝區。鞋子、包包、飾品等散在各處。一定會有在尋寶的感覺。**C** 雨遮和名稱雖然不一樣，但找這個外觀就對了。商品多到放到店外去了。**D** 也有一部分是全新商品，可以找找看看。

02 晚上22時後會有折扣的二手衣商店

m

【エム】

Information

- 電話 03−6303−0391
- 時間 15:00～25:00、週六日假日為12:00～
- 公休 過年期間
- 費用 過了晚上22時即打9折
- 地址 目黒区鷹番2−8−22
- 交通方式 東急東橫線學藝大學站步行5分

在夜間，興起購買二手衣的念頭

學藝大學站東口商店街裡，有好幾間的二手衣店，其中就只有這家店會讓人刻意選在很晚的時間去。原因是，每天晚上22時之後價格就會打9折。除二手衣之外還有新衣，店內也收購二手衣。男裝女裝都齊全，眼鏡和帽子、鞋子等的小物類也很多元。員工都非常友善，來店的客人從年輕的情侶到60幾歲的人都有。

掛在試衣間的美好布簾是客人送的。

A 放繪本、兒童文學的書架上像是藝廊一般。**B** 店門口花車的擺放令人印象深刻，在選雜誌時不由得就被吸了進去。**C** 收銀在最後方，因此進店輕鬆無負擔。收集點數卡會有意外收穫哦。

03 營業到晚上24時的時尚二手書店

流浪堂

【るろうどう】

Information

電話 03−3792−3082
時間 12:00～24:00、週日假日為11:00～23:00
公休 週四
地址 目黒区鷹番3−6−9鷹番サニーハイツ103
交通方式 東急東横線學藝大學站步行3分

個性獨具的書架上 多到不知買什麼的二手書

店門口花車上堆積如山的雜誌，自製的書架上塞得滿滿、如多座小山一般的書籍。看到這些居然能堆成這樣、被書籍占滿的樣子，有著很有趣預感的二手書店。就像店家說的「完全不重視領域」般，藝術系和攝影集、旅遊書、文藝書、兒童文學等等，所有領域的書籍都放在一起。店內除了書籍以外，還有許多海報和雜貨等好東西，對書無感的人也會想進來走走看看的。

不經意抬頭一看，就有許多很有意思的書籍，真是有趣。

原創的綿質托特包（1300日圓）。深藍色的是手工染成（1600日圓）。

04 到晚上22點！可以買到日本各地的安全食材

FOOD& COMPANY

【フード・アンド・カンパニー】

即使已經很晚
還是買得到有益
身體的食材
FOOD & COMPANY
YOUR DAILY GROCERY
F.L.O.S.S.

精選對身體安心安全的食材提供給顧客

到了很晚的時間還有能買到有益身體食材的店家，真是太棒了。這家店裡「超級愛吃」的店員們，由日本各地挑選真的安心安全，而且一定好吃的東西來販售。

像是不含糖、無麩質的食品，以及只使用有機原料做的威士忌和葡萄酒等等；店內由生鮮食品到咖啡、茶、調味料、糕點等別家店沒有的東西也多，不由得拿起來看個仔細。每季更換的特選櫃也不容錯過。

大張的桌子是內用區。在店裡購買的東西，都可以在這裡食用，不管是購物前購物後，都能坐著休息一下。備有外帶用的咖啡和紅茶，旁邊擺放的就是使用當令日本食材、帶溫

Information

電話	03−6303−4216
時間	11:00〜22:00
公休	過年期間
費用	外帶「People Tree」咖啡250日圓等
地址	目黒区鷹番3−14−15
交通方式	東急東橫線學藝大學站步行3分
HP	http://www.foodandcompany.co.jp/

可以輕鬆來個咖啡休息時間的內用區

C

A

B

A 入口處放滿了新鮮蔬菜。店內寬敞，嬰兒車也都可以輕鬆入內。B 內用區像是客廳般的氛圍，裝飾著花卉，購物後能好好休憩一番。微波爐可以使用。C 時尚的禮盒包裝也備受歡迎（照片是2016年冬季款式，現在已換不同款式）。

和甜味的人氣「きのね堂」糕點。有代客磨咖啡豆的服務，很方便。

🅰 日本酒有必點的「獺祭」「いづみ橋」等10餘種。著名的「炸雞天麩羅酸桔醋附香味野菜」（780日圓），大量配料和酸桔醋吃來清爽。🅱 入口的吧台還留有「半角打時代」的風情，部分椅子是不一樣的。🅲 最後收尾就來份「蒸籠涼麵」吧。下酒菜和日本酒吃喝了不少之後，一樣三兩下吃光光。

05 最後電車之前
享用正宗「蕎麥前」

立呑地酒蕎麦 学大角打

【たちのみじざけそば　がくだいかくうち】

Information

電話 03−5708−5145
時間 18:00〜25:20(L.O.)
公休 開年時
費用 蒸籠涼麵660日圓、著名！炸雞天麩羅680日圓、日本酒70ml為350日圓〜等
地址 目黒区鷹番2−21−9
交通方式 東急東横線學藝大學站步行5分
HP http://soba-bar.com

在吧台座上享用蕎麥麵 還可搭配小酌日本酒

店名雖有「角打（立食）」二字，但有座位可坐，後方還有桌座。在享用過絕佳的菜色和日本酒之後，最後以蕎麥麵收尾是最道地的吃法，因為這裡是提供帥氣大人飲酒方式「蕎麥前」的餐廳。使用每天用石臼磨成蕎麥粉的白製蕎麥麵，滑順的入喉感覺極為美味。日本酒70㎖便可以點用，很適合想多喝幾種或不擅飲酒的人。清爽時尚的內裝，女性1人也容易進店，這點備受好評。

入口大木框的玻璃門，
看得到店內熱鬧的景象。

⑫ 阿佐谷區域

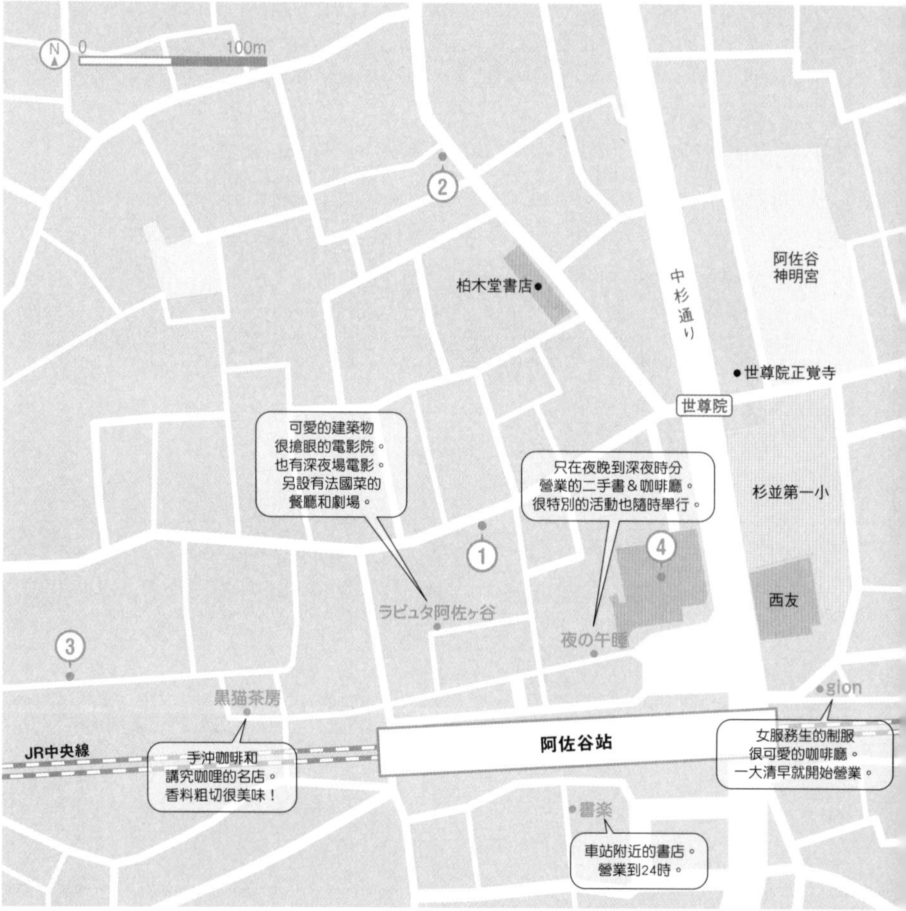

N
0
100m
①
②
③
④
柏木堂書店
中杉通り
阿佐谷
神明宮
世尊院正覚寺
世尊院
可愛的建築物
很搶眼的電影院。
也有深夜場電影。
另設有法國菜的
餐廳和劇場。
只在夜晚到深夜時分
營業的二手書＆咖啡廳。
很特別的活動也隨時舉行。
杉並第一小
西友
ラピュタ阿佐ヶ谷
夜の午睡
黒猫茶房
gion
JR中央線
阿佐谷站
手沖咖啡和
講究咖哩的名店。
香料粗切很美味！
女服務生的制服
很可愛的咖啡廳。
一大清早就開始營業。
書楽
車站附近的書店。
營業到24時。

1

ユジク阿佐ヶ谷

▶ P.130

2

古書コンコ堂

▶ P.131

3

音樂和咖啡 VIOLON

▶ P.132

4

Izmir

▶ P.134

A 大廳裡一整片牆壁的黑板！繪有和上映電影相關的黑板藝術。**B** 館內都是員工手工作品，門票也很特別！ **C** 放有感受得到溫暖的沙發和座墊的大廳，也販售阿佐谷人氣店「SINCERITA」的義大利冰淇淋。**D** 座位有彈性，坐來很舒適。每個座位之間有間隔也令人高興。

01 深夜場電影
2人觀看最划算！

ユジク阿佐ヶ谷

【ゆじくあさがや】

Information

電話 03−5327−3725
時間 視上映電影而異
公休 視上映電影而異
費用 視上映電影而異，但晚場有「友割」折扣（部分電影不適用）。也有划算的會員制度
地址 杉並区阿佐谷北2−12−19　B1
交通方式 JR阿佐谷站步行3分
HP https://yujiku.wordpress.com/

玩樂歸來很划算的41座的小小電影院

「ラピュタ阿佐ヶ谷」的姊妹館，為了上映新舊西片而開業。適用於晚場電影的「友割」，是和朋友、戀人一起來就能打折的優惠，因此最適合玩樂歸來的二人同享。像是咖啡廳般的入口，有販售咖啡和商品，可以觀賞每個特集都會更換的黑板藝術邊休息等候。今後約以每月1則的速度舉行，也預定要將電影重點放在以大螢幕觀賞的著名動畫電影。

舉行黑板作家們的作品展示和販賣的「Koukuban Sakka Gallery」。

A 獨特的Y字型可動書架是特別訂製而來的。內裝居然是手工製成！ **B** 店內寬敞又乾淨，聽說曾成為電影和戲劇的拍攝地，可以理解為什麼。 **C** 整理得很美的書籍，每一本都想要買了。

02 到晚上22時，黃色的燈光很溫和的中古書店

古書コンコ堂

【こしょこんこどう】

Information

電話 03−5356−7283
時間 12:00～22:00
公休 週二
地址 杉並区阿佐谷北2−38−22キリンヤビル1F
交通方式 JR阿佐谷站步行5分
HP http://konkodo.com/

書籍內容超越領域限制 店內時尚的中古書店

富有個性的Y字型書架，和排列整齊的書籍吸引了目光。通道很寬而清爽，像是時髦的精品店一般，常見到年輕客人。就像是店名的來源「玉石混交」一般，書籍的領域橫跨音樂、文學、漫畫、攝影、設計、繪本、超自然等不一而足。店內有新刊書，也販售CD。音樂區裡有古老的收音機、滑板攝影集附近放有滑板等等，店裡陳設也玩心十足。

展示櫃裡的美麗攝影集。攝影集也適合作為內裝使用。

集東京都內高級古典音樂咖啡廳的火柴盒於一堂！

03 以極奢侈的音響設備
在夜晚聆聽古典音樂

音樂和咖啡 VIOLON

【音楽とコーヒーヴィオロン】

全神聆聽唱片的
音色和現場演奏

擴大機和音箱都是老闆親手所做

1980年開業的名曲咖啡廳名店。據說原本是音箱和擴大機師傅的老闆將原來是試聽室的地方，改裝成聆賞古典音樂唱片的咖啡廳。

這是做造歐洲著名音樂廳的理想音響空間，適度的燈光中，在畫家美作七朗的名畫和骨董商品的圍繞下，聆聽古典音樂的唱片和現場表演。1整天的疲累一掃而空。

菜色只有飲料和自製起司蛋糕，非常簡單。但是酒類以外的飲料可以帶進場，只要點一次飲料點心，當天就可以自由地出入。

幾乎每晚都會舉行的現場表演沒有限定範疇，既有聲樂，日本音樂和舞蹈也都有。此外，第3週日的下午18時還會

Information

電話 03-3336-6414
時間 唱片時間12:00～18:00、現場表演為18:00～到結束
公休 週二、過年期間
費用 咖啡、紅茶、柳橙汁各450日圓、自製起司蛋糕250日圓等。現場表演附1飲料，收費1000日圓
地址 杉並区阿佐谷北2-9-5
交通方式 JR阿佐谷站步行5分
HP http://meikyoku-kissa-violon.com/

夜晚是現場表演！每月1次舉行SP的著名演奏會

C

A

B

A 向名店「中野古典音樂」購買的燈座等物品都細心地使用。**B** 唱片可以點播音樂也可以自己帶來。**C** 咖啡（450日圓）可以選擇加牛奶或白蘭地。自製的起司蛋糕濃郁而柔軟，像是慕斯般的口感。

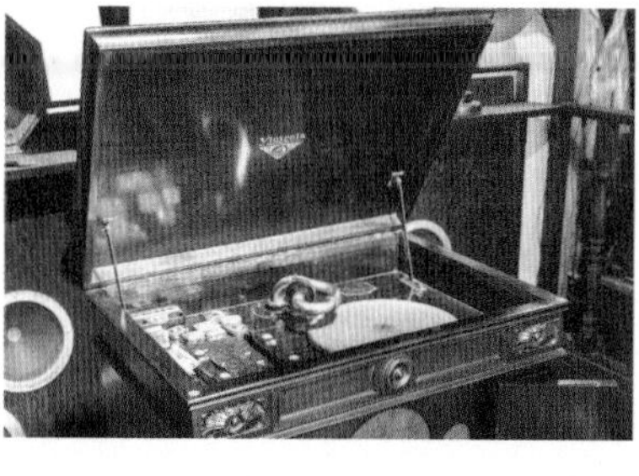

舉行SP唱片的音樂會。另外，還可以將唱片放入仍在使用的大型留聲機（左下照片），以當時的唱針仔細聽音樂。

一走動就會發出聲響的地板聲音也很悅耳，座位不同所接收到的聲音也不同，因此來找找你喜歡的位置吧。

B

C

A

A 單張木板擦得晶亮的吧台和磁磚很美。**B** 土耳其名菜「烤羊肉串」（1836日圓）。將處理得很徹底的羔羊肉，以土耳其香料醃過後再燒烤而成。後方是土耳其酒「Rakı」。**C** 照片右側是土耳其茶「Cay」（216日圓）。「巴拉瓦餅」（648日圓）是使用土耳其的開心果，重重疊疊100層以上的餅皮，浸泡糖漿的著名甜點。

04 夜晚想吃土耳其料理時 就要來也有吧台座的這家！

Izmir

【イズミル】

Information

- 電話 03−3310−4666
- 時間 18:00〜24:00(L.O.23:00)
- 公休 週一
- 費用 各種肉串1620日圓〜、Rakı（杯裝）648日圓、另有全餐菜色
- 地址 杉並区阿佐谷北2−13−2パサージュ阿佐谷2F
- 交通方式 JR阿佐谷站步行2分
- HP http://www.asagaya-izmir.com/

會想要說「你回來啦」「我回來了」的餐廳

長久以來都在這家老字號土耳其餐廳擔任主廚的艾利芙，他那如太陽一般的明亮氛圍充滿了店內。播放著土耳其廣播節目的店內，可以享用到多種細心調理的美味料理。現在已成為了日本人下班回家途中會去享用、像是地區小館般的餐廳。不知道該點什麼時，就點「主廚特配盤餐」（2484日圓）吧？有前菜、主菜、奶油飯等豐盛的內容，但1個人也能吃光光。

為了和笑容可掬的艾利芙見見面，天天都有許多客人來店。

⑬ 高圓寺區域

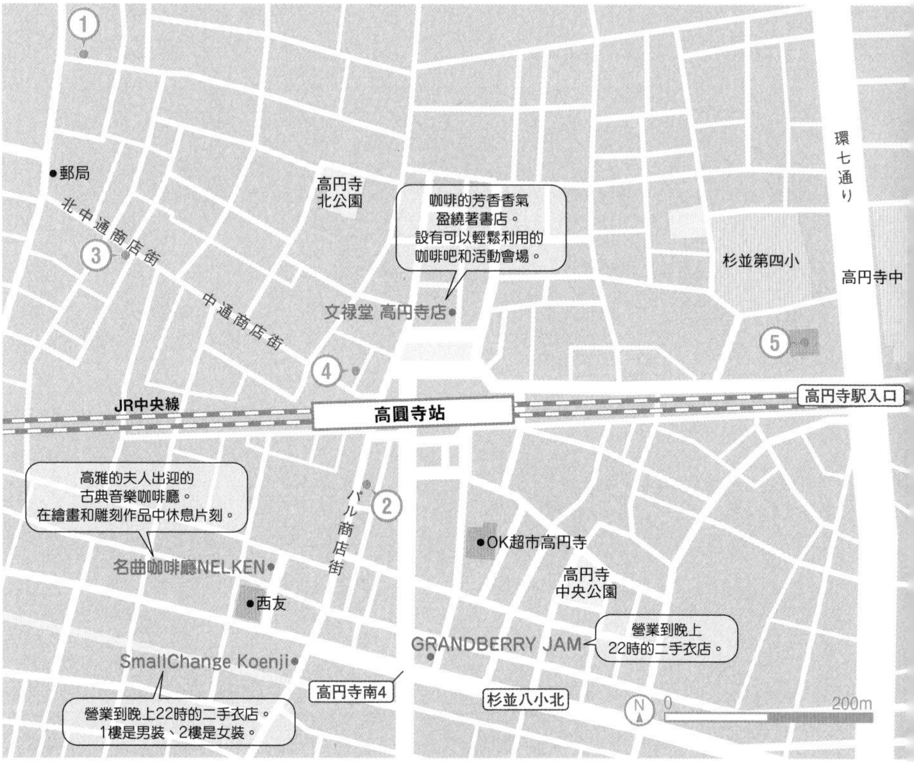

1

なみのゆ

▶ P.136

2

GREAT WHITE WONDER

▶ P.138

3

コクテイル書房

▶ P.139

4

丸十ベーカリーヒロセ
高円寺站站前店

▶ P.140

5

座・高円寺

▶ P.141

買了吸水力極佳的原創手巾，
心情好極了。

01 到半夜1時！在錢湯裡暢快流汗後回飯店

なみのゆ

看著普普藝術的富士山
好棒的熱水呀♪

使用深井抽出的天然水 走路用水池也很不錯哦

奢侈採深井抽出天然水用在浴池和淋浴上的錢湯。使用的水是富含礦物質的軟水，為弱鹼性的皮膚最理想的水質。

偏熱的浴池水平均約43．5度，是最適合流汗的溫度，可以溫暖到骨子裡，放鬆身心。就算臨時起意，店家有販售「空手洗錢湯、臨時起意套組」，隨時都可以進場。

此外，還可以另加費用進泳池。心想著必須要在裡面走，但卻不知只要放鬆漂浮30分鐘也會有健康效果。據說最好的順序是先泳池再浴池。

大廳裡販售著名的瓶裝牛奶，還有酒類和小零食。洗完澡後的一杯，最是美妙！

週日的上午8時朝湯也開始營業，沐浴在從大窗戶灑落

Information

電話 03－3337－1861
時間 15:00～25:00、週三為18:00～；週日另有朝湯8:00～12:00
公休 週六
費用 成人460日圓、泳池利用費成人400日圓等
地址 杉並区高円寺北3－29－2
交通方式 JR高圓寺站步行8分
HP http://naminoyu.com/

週日早上8時起有朝湯！早上還有招待的咖啡哦

C

A

B

A 內有毛巾等的「空手洗錢湯、臨時起意套組」550日圓，是含入浴費在內的超便宜價格。B 小零嘴專櫃可以返回童心！是洗完澡的一大樂趣。C 女湯的磁磚是很可愛的紅粉色。使用黃塑膠盆更有錢湯氣氛。

的晨光下邊泡澡真是最棒的享受！另備有早上招待的咖啡和販售佐渡米做的御飯糰（110日圓，左方照片）。夜晚和早晨各有不同風貌的錢湯，早晚都可以試試哦。

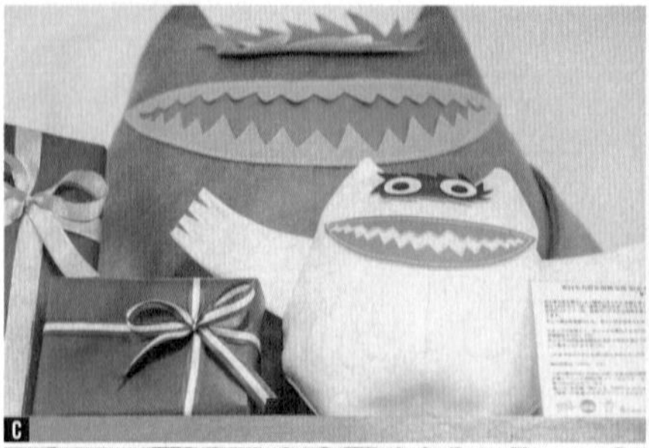

A 店內高雅整齊不華麗，女性也可以輕鬆入店。B 入口附近是飾品，挑選的眼光極高。C 日本東北大地震復興支援的限定白色Nauga「HARU」（12800日圓），全日本只在這裡能買到。D 也有餐具等生活用品。

02 到晚上22時，都可以買到獨特的精選品雜貨

GREAT WHITE WONDER

【グレイト・ホワイト・ワンダー】

Information

電話 03−5305−7411
時間 11:00〜22:00
公休 無休
地址 杉並区高円寺南4−25−6 1F
交通方式 JR高圓寺站步行3分
HP
http://www.graminc.jp/greatwhitewonder/

可以給自己買個小禮物或挑選伴手禮

在車站旁的高圓寺pal商店街裡，2017年迎接開業12年的雜貨店。店裡都是不受流行左右，男女都能長期使用的商品。吃完了會想要保存外包裝的時尚食品，到日常可以使用的餐具、長銷型的文具、毛巾等的日用品、包包、鐘表、香、飾品……，愈看想買的東西就愈多，不知該如何下手了！這是個買什麼都好的雜貨店。

位於熱鬧商店街中間，店內寬敞，可以好好挑選商品。

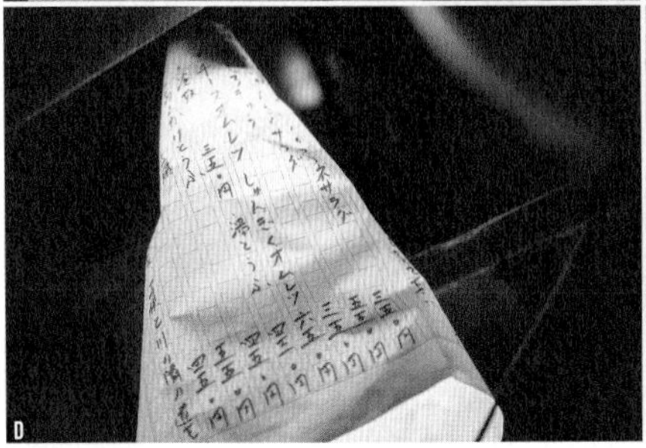

A 吧台上是文庫和新書，挑選出連不太讀書的人都會有興趣的書。**B**「香芹歐姆蛋」（600日圓）出現在森茉莉的小說裡。「上喜元梅酒」（550日圓）使用精美的雕花玻璃杯盛裝。**C**「城鎮的書架」可將自己的書與書架上的書交換，希望能實現「不丟棄書的社會」。**D** 菜單寫在稿紙上十分有趣。

03 微暗的感覺最對味的古民宅的二手書酒店

コクテイル書房

Information

電話 03−3310−8130
時間 11:30～15:00、17:00～23:00
公休 日間休週一、二(夜間無休)
費用 大正可樂餅250日圓等，菜色天天更動。另設有專櫃陳列村上春樹作品裡出現的酒。
地址 杉並区高円寺北3−8−13
交通方式 JR高圓寺站步行5分
HP http://koenji-cocktail.com/

看著二手書，品嘗小說裡的料理和酒

沿著高店街向前走，發現一間滿是排列整齊書籍的古民宅。店內、牆壁上到處都是書籍，還有酒瓶！因為這裡是二手書和小說、散文相關「文士料理」的酒店。1樓是二手書和餐飲區，2樓是展示和活動會場。如同店主「只要一看書，時間就屬於自己」的說法，時間像是靜止般的店內，看著帶有時代感覺的二手書，感受一下這奇特的時間魅力吧。

店名取自小說《無境界家族》，含有將許多元素混雜在一起意思。

A 星期幾的限定麵包和每天更換的麵包裡有隱藏的人氣種類。標示牌由店員手做，很可愛。**B** 著名的「阿波踊舒芙蕾」是高人氣的伴手禮。**C** 一進店就是免費咖啡和麵包的試吃！**D** 古早味的西伯利亞蛋糕甜度適中。

04 營業到24時！另有夜間折扣

丸十ベーカリーヒロセ 高円寺站站前店

【まるじゅうベーかりーひろせ　こうえんじえきえきまえてん】

Information

- 電話 03−3337−5535
- 時間 8:30~24:00
- 公休 無休
- 費用 阿波踊舒芙蕾432日圓(5片裝)、西伯利亞186日圓、土司268日圓(340公克)等
- 地址 杉並区高円寺北3−22−5
- 交通方式 JR高圓寺站步行1分
- HP http://www1.ttcn.ne.jp/hirose/

三明治晚上20時之後會打折

站前有間營業到深夜、從1915年開業的老字號麵包店的總店！除了保有創業當時的味道之外，也致力於製作有益健康的麵包，保存劑、著色劑、添加物等直到現在都堅持絕不使用。最受歡迎的西伯利亞蛋糕和古早味麵包，都是吃了令人開心的味道。據說是為了服務工作到深夜的人們而營業到深夜，宵夜或早餐可以買到健康麵包是件幸福的事。晚上20時後三明治會有折扣！

小小的店內，客人一個接一個未曾間斷。烘焙糕點也很多元。

A 設有長椅，可以瀏覽戲劇的簡介等。B 部分階梯像是太空或巨大的生物般，非常獨特的空間。C 劇場的聖誕例行公演《鋼琴與朗讀 喬治》（攝影：宮內勝）。這是藉由鋼琴與朗讀的節目，晚場公演晚上19時開始，有興趣可以前往觀賞。

05 夜晚的打光，更增添奇特感受的著名建築劇場

座・高円寺

【ざ・こうえんじ】

Information

- 電話 03−3223−7500
- 時間 9:00～22:00
- 公休 過年期間、館內整理日
- 費用 劇場的門票因公演而異
- 地址 杉並区高円寺北2−1−2
- 交通方式 JR高圓寺站步行5分
- HP http://za-koenji.jp/

可以只參觀建築 看看晚上特有的外貌吧

外觀有水珠狀裝飾的盒狀建築。這是世界知名建築師伊東豐雄設計的劇場，由於沒有管制進出，因此有許多國內外人士前來參觀。夜間的打光更增加了它獨特的感覺。像是生物一般充滿躍動感的階梯，以及圓形光影映照在地板上的有趣感覺等，有許多愛好攝影的人一定很想拍攝的景點。個性獨具的演劇廳共有3間，值得買票進去觀賞戲劇。

JR的電車可以看到的獨特外觀，像是「咬了一口的巧克力」一般。

⑭ 其他區域的推薦

照片為東京晴空塔獨木舟夜景之旅（舊中川） ▶ P.143

A 打燈後的美麗橋樑和東京晴空塔，映在水面的倒影令人感動。員工會幫忙拍照。**B** 穿越橋下時十分刺激！也有河流相關導覽。**C** 2人行程使用摺疊獨木舟（雙人艇）。

01 乘著夜晚出發的獨木舟划過東京的河流

東京晴空塔獨木舟夜景之旅（舊中川）

【スカイツリーカヌー夜景ツアー（旧中川）】

初學者也能樂在其中河流的戶外體驗

由貼著水面的高度觀賞夜晚的東京。東京都內有在傍晚或夜晚開始，乘著獨木舟觀賞東京晴空塔等夜景的行程。開始之前會先由教練進行解說，而且會跟著進行導覽，初學者和女性都可以輕易地完成約1小時45分的獨木舟之旅。獨木舟比船的視線低很多，搭乘時有著強烈的非日常感。行程是少人數制，可以玩得盡興。

Information

※預約、洽詢使用電話或利用下方網站。

電話 03−6671−0201（Outdoor Sports Club ZAC） 受理時間為9:00～18:00。

時間 獨木舟開始時間為夏季18:30～、冬季17:30～。時間因季節而異，應先行確認。

費用 成人5500日圓（含導遊費、獨木舟、槳、救生衣租金）等

地址 集合地點為大島小松川公園停車場（江戶川区小松川1−7）※開始前15分之前；換裝、上廁所之後集合

交通方式 都營地下鐵新宿線東大島站步行10分

HP http://www.zacsports.com/

像是小酒館般的低矮桌座也很棒。

02 車站即到！營業到25時 在搖椅上享用咖啡

珈琲道場 侍

【こーひーどうじょう　さむらい】

坐在搖椅上，
搖呀搖呀～輕鬆寫意極了～

在擺盪搖晃之中 忘卻了煩惱

可以置身於能大幅度搖擺的搖椅裡，享用以學習武士精神「武道的教導、精神」調理的咖啡和餐點，真是令人心動的咖啡廳。

這種大受歡迎的搖椅，為30多年前開業時的原創訂製，是飛驒高山製的家具，由於靠背較高，可以保有自己的空間。視線和員工的相同，自然話也多了起來。

咖啡是講究的手沖式，以及花費8小時抽取後熟成1天的冰滴咖啡等，種類多元。餐點部分有紅酒燴牛肉和限量的咖啡凍等，可以因應早餐到午茶的多元需求，附馬鈴薯沙拉的土司也切勿錯過；夜晚提供的酒類也很豐富。使用咖啡調出來的侍原創雞尾酒，獨特的命

Information

電話 03－3638－4003
時間 8:00 ～25:00
公休 週日
費用 紅酒燴牛肉(附法國麵包、飲料)1000日圓、香蕉果汁550日圓等
地址 江東区亀戸6－57－22サンポービル2F
交通方式 JR龜戶站步行1分、東武龜戶線龜戶站步行3分
HP http://www.samurai-cafe.jp

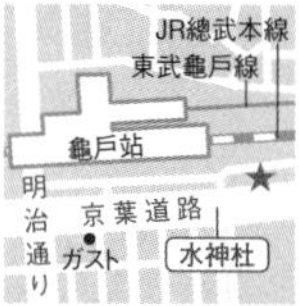

隔著吧台和店員閒聊的夜晚

C

A

B

A 由清早花費時間，慢慢抽出的冰滴咖啡（水出咖啡）。B 細部都有日本風格的裝飾，店內和店名般擺放了甲冑。C 想放任自己一下時！放了大量蜂蜜和鮮奶油的「肉桂土司」（450日圓）和冰滴咖啡（430日圓）。

名引人注意。
收銀和吧台的季節插花，是吸引眾多迷哥迷姊的地點。務必請注意一下。

穿著入會時獲贈的止滑襪子，放鬆彈跳！

03 行程結束後的彈跳！沒運動細胞也沒問題

Trampoland tokyo

【トランポランド　tokyo】

跳呀跳呀，跳掉壓力！
對減肥也很有效♪

運用全身的運動 身心都放鬆舒暢

到晚上22時半，還有成人們可以盡情彈跳的彈翻床設施。這座設施裡，因為由彈翻床的牆和網子隔開，不會有摔的危險，服裝穿著活動容易的衣服即可。襪子需穿著入會時會拿到的止滑襪，因此空手前往也OK。

共有3種5面的彈翻床彈性各異，人多時會以播音方式區隔彈跳的時間。由於彈翻床會使用全身，因此可以均衡地運動到身體，也是極佳的鍛練體幹運動。光是上下彈跳就可以全身出汗，加速血液循環。場內會有員工常駐，請他們教些小技巧也很有意思，玩著玩著就會醉心於技術的挑戰了。

要消除壓力或消除運動不足，「夜晚彈跳」這個選項極

Information

電話 03−6322−6966
時間 14:00～22:30、週六日假日為10:00～20:00
公休 週一（逢假日則翌週二）
費用 註冊費540日圓（第1次時）、60分1620日圓、90分2100日圓
地址 板橋区板橋2−46−3
交通方式 都營地下鐵板橋區役所前站步行4分、東武東上線下板橋站步行6分
HP
http://www.trampoland.com/tokyo/

週四是淑女日
附折扣&優惠券！

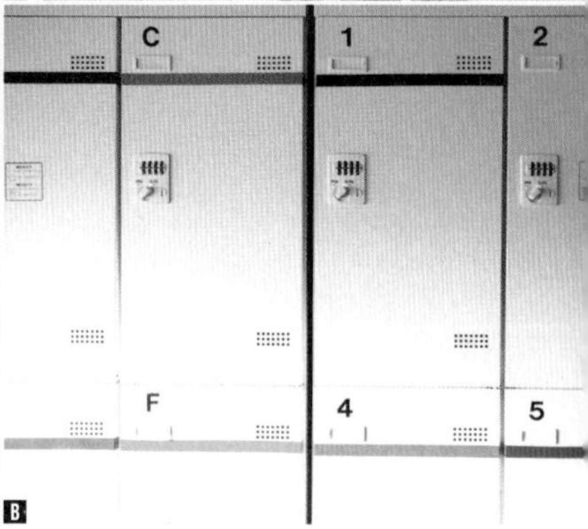

A 乾淨的大廳裡，螢幕可以看到彈跳的解說影片。**B** 更衣室、儲物櫃都有，可以簡單地更衣。**C** 名為瑪利歐區的部分（前方）可以進行高低落差的練習。

為新穎。回到童心暢快彈跳之後，保證有安穩的睡眠。

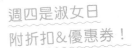

A 還可以辦第二攤或派對。**B** 原創「12星座雞尾酒」（1080日圓）。照片裡的射手座是以伏特加為基酒，加入巨峰、蔓越莓、萊姆。**C** 店內的燈光只有桌上的蠟燭。一開門只見一片黑暗，但一定有在營業，可以放心。

04 | 可以在500萬顆星星的星空下飲酒

プラネタリウムBAR

【プラネタリウム・バー】

最新型天象儀的星空和酒帶來舒暢心情

在靜靜的音樂聲中仰望著滿天星斗，同時還可以飲酒的浪漫酒吧。使用有著「連看不到的星星都放映出來」佳評，大平貴之製作的MEGASTAR ZERO Platinum和MEGASTAR CLASS，將500萬顆星星放映在穹頂的天花板上。2小時1場，附加星空解說。還可以點放自己想看的日期的星空（另收500日圓），另有慶祝甜點盤（需預約），最適合辦生日聚會。

Information

電話 03-3440-2595
時間 19:00~26:00、週五六~27:00、週日、假日為~24:00
公休 不定休
費用 使用費1人500日圓，1組2小時制。啤酒1000日圓、餐點600日圓~等
地址 港区白金台4-9-23ツツイ白金台ビル5F
交通方式 東京Metro、都營地下鐵白金台站步行3分
HP http://www.planetarium-bar.com/

A 頭盔和球棒（2種）可以借用，也可以自備。提供擦臉巾服務更令人愉快。**B** 可以變更現役投手的設定和球速，建議試試各種打法。**C** 預付卡設計復古，送給喜歡棒球的朋友也不錯。

05 車站直通的好位置
到深夜仍然營業

アクティブAKIBA 棒球打擊中心

【アクティブ AKIBA バッティングセンター】

空手去OK 回飯店前
換個氣氛的最適合場所

晚上不想待在飯店、也不想去購物時，把球棒揮舞得虎虎生風，也是個讓心情舒暢的好方法。這家店直通車站，而且剛整修完成，女性一個人也容易進入，10分鐘1場下來，心情馬上舒暢。不過，投球機是職業級的，投球速度可以到80～160公里之間，也可以選擇多元的變化球，因此棒球迷也會非常滿意。另外也有投球的「Strike out」機，玩玩感覺也不錯。

Information

電話 03−5209−1055
時間 10:30～23:00（最後入場22:55）
※天候不佳時可能提早打烊
公休 全年無休
費用 預付卡共有1030日圓（3play）～10300日圓（40play）等4種。打擊1個play20球，Strike out可以投12球
地址 千代田区神田花岡町1−1ヨドバシAKIBA9F
交通方式 直通各線秋葉原站
HP http://akiba.golf-active.jp/batting

A 近距離觀賞碼頭上一字排開通稱為長頸鹿的橋式起重機，工作時聲勢驚人！ **B** 東京京門大橋像是恐龍面對面一般，非常雄偉。由下方穿越時令人感動。**C** 所見之景都是亮晶晶的夜景。**D** 由天王洲的碼頭出發。可以攜帶寶特瓶裝飲料和御飯糰、糕點等簡單的飲食。海上比陸地冷，冬天防寒衣物要穿足。

06 白天玩完後 東京灣夜間巡航

東京京門大橋和港灣夜景巡航

【東京ゲートブリッジと港湾夜景クルーズ】

由海上觀賞像是商品櫥窗般的東京夜景

從海上這稍微不一樣的角度，來看看東京灣吧。由海上觀賞東京京門大橋和彩虹大橋之外，還有東京鐵塔和東京晴空塔、台場、調色盤城摩天輪等東京最負盛名的夜間景點。羽田機場、起重機和大型貨櫃輪停靠的東京港灣的貨櫃碼頭，是海上巡航才看得到的。一一出現的耀眼景點，就像是進入了不同世界般的感覺。

Information

※預約、洽詢使用電話或利用下方網站。

電話 03−3454−0432（ZEAL公司），受理時間10:00～19:00

時間 巡航開始時間為19:00

費用 成人3500日圓（事前預約額滿制）

地址 集合地點為天王洲Yamatsu pier(品川区東品川1−39−21)

交通方式 東京單軌電車、臨海線天王洲Isle站步行5分

HP

http://www.zeal.ne.jp/plan/209.html

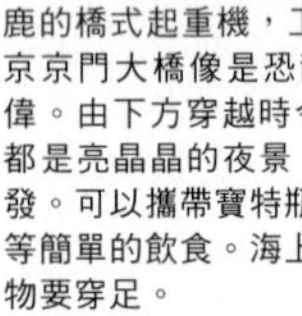

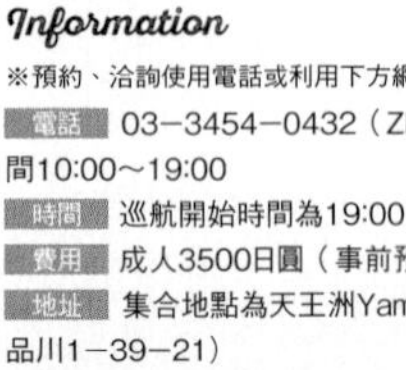

⑮ 偶爾早起一下的推薦景點

＼早起也心情舒爽呢♪／

照片為富岡八幡宮骨董市集 ▶P.156

神社罕見的奉納葡萄酒樽。對面則是擺放著日本酒樽。

01 日出即開門
寧靜而清幽的參道散步

明治神宮

【めいじじんぐう】

在都心的森林裡深呼吸
早起真是太美妙了♪

映照在人造森林裡清晨光線的面貌

大清早去神社參拜，身體像是一根筋貫通了般，真是心情舒爽。祭祀明治天皇和皇后昭憲皇太后的明治神宮，「參道的開門時間是日出即開」，因此大一早就可以前往參拜。

這裡讓人不覺得就在原宿旁邊，有著廣大森林與其中的本殿。這座森林是由日本全國捐獻的10萬株樹木形成的「人造森林」，現在也難以相信。

由南側的原宿進入的話會穿過3處鳥居，由第2座的大鳥居再向前走，本殿前在2016年重新打的第三鳥居南玉垣鳥居（下頁左下照片）就會出現在眼前。使用日本檜木打造的鳥居，有著全新的光耀外貌。

Information

電話 03－3379－5511
時間 日出～日沒。御守等為9時至閉門時間之前均可求得
地址 渋谷区代々木神園町1－1
交通方式 JR原宿站、東京Metro明治神宮前〈原宿〉站步行1分
HP http://www.meijijingu.or.jp
地圖在P.23

傾聽住在豐饒森林裡鳥兒的悅耳啼叫聲

A 本殿隱藏著心形標誌，找找看吧。本殿左右是夫婦樟樹。B 明治神宮抽的不叫「おみくじ（籤詩）」，而是「大御心（おおみごころ）」。上面印有明治天皇和昭憲皇太后的和歌。C 原宿口旁的第一鳥居是日本檜木製。

明治神宮也以每年過年參拜人數最多的神社而聞名，白天即使是平日也因眾多觀光客和參拜客而熱鬧非凡。但是，清早就像是一人獨占般的寧靜。湛藍的天空下，散著步參拜完後，心情變得相當充實。

高人氣的玻璃地板，早上就可以獨占了。

02 早上優惠最划算，不必人擠人，直上450m高空

東京晴空塔®

由閃耀光輝的
天空和河流
補充能量♪

沒有壓力 獨占清晨絕景

2012年啟用，成為東京新面孔的東京晴空塔。使用日期時間指定券的朝割套票，在早上8時到9時半之間進場的話，就可以比平常便宜600日圓的價格，進入450公尺高的天望回廊，即使只上到350公尺高的天望甲板也會便宜500日圓。

這時的遊客不多，因此可以悠然地欣賞風景，快樂度也會提高。晴朗的日子有時可以清楚看到富士山和東京京門大橋。要拍照留念也是最佳時機。

悠閒地看過風景之後，就在眼前光線慢慢轉變的同時享用早餐吧。在朝陽的照射下，享用讓身體甦醒的甜點醋飲和咖啡、簡餐後，身心都舒爽愉

Information

電話 0570−55−0634
時間 8:00〜22:00（最後入場21:00）
費用 日期時間指定券天望回廊和天望甲板套票成人3600日圓、「朝割」8〜9時半入場時，成人3000日圓。詳情請確認官網
地址 墨田区押上1−1−2
交通方式 東武晴空塔線東京晴空塔站、各線押上(東京晴空塔前)站即到
HP http://www.tokyo-skytree.jp/

冬天非常晴朗的早上
富士山也清晰可見

A 請邊眺望絕景邊享用牛奶味濃厚的「晴空霜淇淋」（450日圓）、提振精神的「甜點醋飲（藍莓醋x蘇打）」（500日圓）。（SKYTREE CAFE 350樓）B 由天望迴廊將天空一覽無遺的感覺真令人興奮。C 晴朗早晨的富士山看起來很清爽！

悅。大清早就有2家咖啡廳營業也令人開心。

出發去玩或回國之前來造訪一下，搶得先機看到了美妙風景後，一定會是一整天順利的開端。

A 早些的時間人潮較少，可以仔細遊逛。也有許多當地貨和外籍客人。**B** 在店家發現了歐洲骨董。領域寬種類多也是有趣的地方。**C** 美麗的日本陶器，也會有便宜的貨色，不妨問問店家。**D** 復古的飾品很吸引人。千載難逢的購物滋味無窮。

03 星期天早起 到老街的骨董市集去

富岡八幡宮骨董市集

【とみおかはちまんぐうこっとういち】

Information

電話 0276−38−3417（樂市樂座事務局）

時間 每月第1、第2、第4、第5週日的8:00〜15:00（1月的第1週日休息）

公休 逢15、28日時休息。小雨正常舉行

地址 江東区富岡1−20−3富岡八幡宮境内

交通方式 東京Metro門前仲町站步行3分

HP http://www.kotto-rakuichi.com/pg191.html

八幡宮的骨董市集 發掘寶物再來歷史散步

「深川的八幡神」，也就是富岡八幡宮境內舉行的骨董市集，一清早就開始了！穿過大鳥居由參道到本殿之間，有著各種不同領域的店家超過100家。由日西餐具到和服、小物、雜貨、文具等都有，既有高價貨也有低價品，光是看就令人興奮雀躍。有著濃重老街風情的境內，也有許多如江戶勸進相撲發源地等的史跡。即然來了，就順便來趟歷史散步吧。

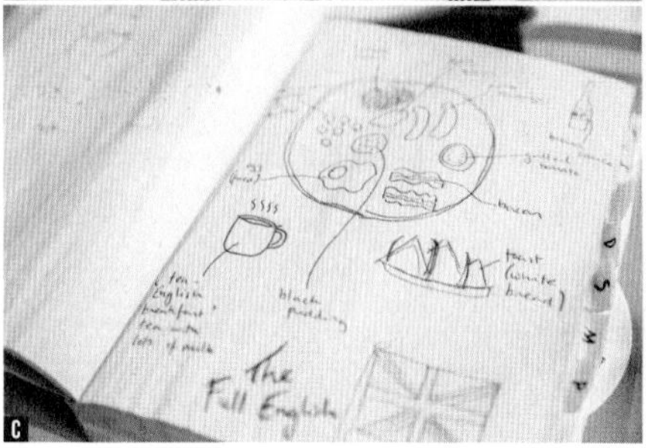

A 高人氣的「英國早餐」(Full breakfast) 1620日圓。自行調味是正宗的吃法。**B** 店內只有大型的餐桌一張。不認識的人吃著相同的菜時，自然話匣大開。**C** 書寫式筆記本裡，滿是客人們提供的早餐資訊。據說店家也接納過筆記中的建議。筆記裡確實看到了各國的文化。

04 清早起盡情品嘗世界各地的早餐

WORLD BREAKFAST ALLDAY

【ワールド・ブレックファスト・オールデイ】

Information

電話 03−3401−0815
時間 7:30〜20:00(L.O.19:30)
公休 不定休
費用 美式早餐1620日圓、Porridge（北歐粥）1080日圓、世界的啤酒842日圓～等。另有軟性飲料和甜點
地址 渋谷区神宮前3−1−23 1F
交通方式 東京Metro外苑前站步行5分
HP http://www.world-breakfast-allday.com/
地圖在P.22

透過早餐 品味該國的文化

中央擺著大大的桌子。就像在朋友家中快樂地和大家用餐般的快樂氛圍裡，享用世界各國的早餐。菜色除了著名的美國鬆餅等之外，每2個月會推出不同國家的特集。餐點是向當地人詢問食譜，再經多次嘗試錯誤下做成，十分講究。菜單和介紹該國的摺頁做成折紙般，非常可愛。肚子和求知慾都得到滿足，看來可以開啟美好的一天了！

很想多吃幾個國家收集的三角形摺頁很可愛。

A 採訪時的登場順序，左起柳家ほたる、初音家左吉、柳家緑太、柳家喬之字等4人。據說順序有時用猜拳或畫鬼腳來決定。**B** 演完後，寫有演目的板子會放在入口處，需確認。**C** 早朝寄席時販賣部還沒開始營業，但可以買到手巾等商品。

05 一大早以500日圓欣賞日本的落語

早朝寄席

【そうちょうよせ】

Information

電話 03–3833–8563（落語協會）
時間 每週日開演為10:00（開場9:30）、終演11:30
公休 過年期間
費用 500日圓
地址 台東区上野2–7–12（鈴本演藝場）
交通方式 東京Metro上野廣小路站步行1分、JR御徒町站步行5分
HP http://rakugo-kyokai.jp/
地圖在P.105

非常划算、非常輕鬆可以親近落語的會

星期天早起或許也不錯。因為在上野有悠久歷史的寄席，10時起只要500日圓就可以欣賞到的緣故。這是由年輕人從撕票、做傳單到落語都一手包辦的二目們的研究會所舉辦。場內可以飲食，座位上還有小桌子，也有些客人會帶咖啡或早餐來。在每次幾乎滿場的居家感覺氛圍裡，一大早的開懷笑容會為一整天帶來元氣。

起源可以回溯到江戶末期的古老寄席。
（照片提供：鈴本演藝場）

東京……毫無疑問是充滿故事性與想像力的大城市。
無論是穿梭於喧囂身影的運將們，抑或歷經百年風華的老店，人人出版帶領你用不同的旅遊方式，深入感受師傅傳承技藝的堅持，看見收穫蔬果後的滿足笑容，窺見夜暮低垂後的神秘面貌。
期待在每次的旅途中，能與感動重逢，和新事物相遇，享受旅行的意義。

Photograph
福井麻衣子
http://www.fukuimaiko.com/

生於大阪。以東京為據點展開攝影活動。
「以日常的小感動為生活動力」，當其綻放的瞬間，
目標是能將當下的氣氛和情感透過照片傳遞。

以雜誌、廣告的攝影為主，
執筆攝影雜誌、書籍等，活躍於展覽、工作坊等多樣領域中。

擅長人物攝影、旅行或街景散步的拍攝，
最近也有料理攝影作品。

國家圖書館出版品預行編目資料

東京夜貓子指南／福井麻衣子作；
張雲清翻譯. -- 第一版. -- 新北市：人人，
2018.02　面；公分　（人人趣旅行；59）

ISBN 978-986-461-131-7（平裝）

1.旅遊　2.日本東京都

731.72609　　106024211

JMJ

【人人趣旅行59】
東京夜貓子指南

作者／福井麻衣子
翻譯／張雲清
編輯／林庭安
發行人／周元白
出版者／人人出版股份有限公司
地址／23145台北縣新店市寶橋路235巷6弄6號7樓
電話／（02）2918-3366（代表號）
傳真／（02）2914-0000
網址／http://www.jjp.com.tw
郵政劃撥帳號／16402311 人人出版股份有限公司
製版印刷／長城製版印刷股份有限公司
電話／（02）2918-3366（代表號）
經銷商／聯合發行股份有限公司
電話／（02）2917 8022
第一版第一刷／2018年2月
定價／新台幣320元